Seydlitz 7

Erdkunde

Autoren:
Stefanie Bacigalupo, Kulmbach
Andrea Eigner, Regensburg
Cornelia Heindl, Ebersberg
Susanne Krug, Regensburg
Katrin Pammer, Landau
Andreas Schatz, Taufkirchen/Vils
Julia Schreiegg, Vilsbiburg
Josef Thalmeier, Neuötting

Schroedel®

Mit Beiträgen von:
Wolfgang Bricks, Albrecht Gehrke, Charly Hoenig, Wifried D. John, Andreas Langbein, Franz-Peter Mager, Hans-Jürgen Schutzbach, Ruthard Wagner

© 2010 Bildungshaus Schulbuchverlage
Westermann Schroedel Diesterweg Schöningh Winklers GmbH, Braunschweig
www.schroedel.de

Das Werk und seine Teile sind urheberrechtlich geschützt. Jede Nutzung in anderen als den gesetzlich zugelassenen Fällen bedarf der vorherigen schriftlichen Einwilligung des Verlages. Hinweis zu § 5a UrhG: Weder das Werk noch seine Teile dürfen ohne eine solche Einwilligung gescannt und in ein Netzwerk gestellt werden. Dies gilt auch für Intranets von Schulen und sonstigen Bildungseinrichtungen.

Auf verschiedenen Seiten dieses Buches befinden sich Verweise (Links) auf Seiten anderer Internetpräsenzen. **Haftungshinweis:** Trotz sorgfältiger inhaltlicher Kontrolle wird die Haftung für die Inhalte der externen Seiten ausgeschlossen. Für den Inhalt dieser externen Seiten sind ausschließlich deren Betreiber verantwortlich. Sollten sie bei dem angegebenen Inhalt des Anbieters dieser Seite auf kostenpflichtige, illegale oder anstößige Inhalte treffen, so bedauern wir dies ausdrücklich und bitten Sie, uns umgehend per E-Mail unter www.schroedel.de davon in Kenntnis zu setzen, damit beim Nachdruck der Verweis gelöscht wird.

Druck A^1/Jahr 2010

Alle Drucke der Serie A sind im Unterricht parallel verwendbar, da bis auf die Behebung von Druckfehlern untereinander unverändert. Die letzte Zahl bezeichnet das Jahr dieses Druckes.

Redaktion: Matthias Meinel
Karten, Grafiken: Freier Redaktionsdienst, Berlin; Heidolph, Kottgeisering
Satz: Yvonne Behnke
Druck und Bindung: westermann druck GmbH, Braunschweig

ISBN 978-3-507-**52723-2**

Liebe Schülerinnen und Schüler,
die Arbeit mit diesem Buch soll für euch interessant werden und euch im Fach Erdkunde Erfolg bringen.

Das Buch enthält Seiten, die mit gekennzeichnet sind. Hier lernt ihr wichtige Methoden und Arbeitstechniken ausführlich kennen. Diese Seiten sind so gestaltet, dass ihr euch die Arbeitstechniken auch selbstständig erarbeiten könnt.

Vielleicht möchtet ihr manchmal das Gelernte noch vertiefen oder euer Wissen erweitern. Der Hinweis „Zusatzthema" zeigt euch, bei welchen Themen dies spannend sein könnte. Solche Seiten sind mit Z gekennzeichnet.

Wenn ihr selbstständig mit dem Buch arbeitet, kann euch das „Geo-Lexikon" eine Hilfe sein. Hier findet ihr am Ende des Buches (Seite 124 – 127) Erläuterungen zu bestimmten Begriffen. Außerdem wird im Geo-Lexikon darauf verwiesen, auf welchen Seiten im Buch diese Sachverhalte dargestellt sind.

Zum Abschluss der vier Hauptkapitel findet ihr auf den mit W gekennzeichneten „Wissen-Seiten" Hilfen und Anregungen, um Gelerntes zu wiederholen, einzuüben und zu verknüpfen.

Viel Freude beim Lernen und Arbeiten mit dem Buch!

Die Autoren

1	**Wetter und Klima**	Wetter, Klima, Klimadiagramm – Wie war das gleich noch mal?	8
		Die Atmosphäre – ein hauchdünner Schutzschild	10
		Klima- und Vegetationszonen der Erde	12
		Die Entstehung von Niederschlägen	14
		Der Luftdruck	16
		Luftdruck und Wind	17
		z Warum bringt ein Tiefdruckgebiet schlechtes Wetter?	18
		Weißt du, wie das Wetter wird?	20
		Die Erdrotation	22
		Die Erdrevolution	24
		Weihnachten = Winter?	26
		a Experimente zu den Jahreszeiten	27
		z Polartag – Polarnacht	28
		z Macht und Magie – das Wissen um den Gang der Gestirne	30
		w Wetterrekorde – weltweit	32
2	**Kulturerdteile**	Die Kulturerdteile	34
3	**Schwarzafrika**	Schwarzafrika im Überblick	40
		Die Klima- und Vegetationszonen Afrikas und deren Nutzung	42
		Der Passatkreislauf	44
		Der tropische Regenwald	46
		Landnutzung in den Tropen	48
		Der tropische Regenwald – weltweit in Gefahr	50
		z Was kümmert uns der Regenwald?	51
		Die Savannen – Mangel und Überfluss	52
		Traditionelle Landnutzung in den Savannen: der Nomadismus	54
		a Vom Text zum Merkbild	55
		Historische Entwicklung Afrikas	56
		Ein Land im Fokus: Bundesrepublik Nigeria	58
		z Blutiges Afrika	60
		z HIV-positiv – ein Todesurteil?	61
		a Auswerten von Zeitungsartikeln	62
		a Auswertung von Tabellen und Grafiken	64
		Wege aus der Krise	66
		z Hilfe, die ankommt	67
		w Faszination Afrika	68

4 Orient

Der Orient im Überblick	72
Der Islam als Wegweiser im Alltag	74
z Muslimische Mitbürger bei uns in Deutschland	75
Herzlich willkommen in Damaskus – in einer orientalischen Stadt	76
Erdöl – das schwarze Gold	78
z Warum ist Erdöl eigentlich so teuer?	79
Dubai – Luxus im Wüstensand	80
z Die Vereinigten Arabischen Emirate planen das „Über-Morgenland"	82
Der Stoff, aus dem die Wüsten sind	84
Oasen – grüne Perlen in der Wüste	86
Flussoase Nil	88
a Wir werten ein Satellitenbild aus	89
Die Türkei – Leben in zwei Welten?	90
Wasser ist Leben	92
z Pulverfass Nahost	94
w Rätselseite Orient	96

5 Russland

Russlands Naturraum im Überblick	100
Mit der Transsib durch die unendliche Weite	101
Klima- und Vegetationszonen	102
z Vom Zarenreich zur GUS	104
Vielvölkerstaat Russland	105
Russlanddeutsche bei uns	106
Leben in Russland	107
Moskau – Hauptstadt im Umbruch	108
Sibirien – Schatzkammer und Eisschrank Russlands	110
Der Dauerfrostboden – Sibiriens großes Problem	111
z Norilsk – „Insel der Kälte"	112
Wirtschaft im Umbruch	114
Russland – Energielieferant für Deutschland	116
Verseuchte Umwelt	118
z Umweltsünden – ein schweres Erbe	119
Kann der Baikalsee überleben?	120
w Wir „verlegen" den Baikalsee	121

Projekt: Luxusvilla oder Blockhütte? Wir bauen ein Haus 122

Geo-Lexikon 124
Bildnachweis 128

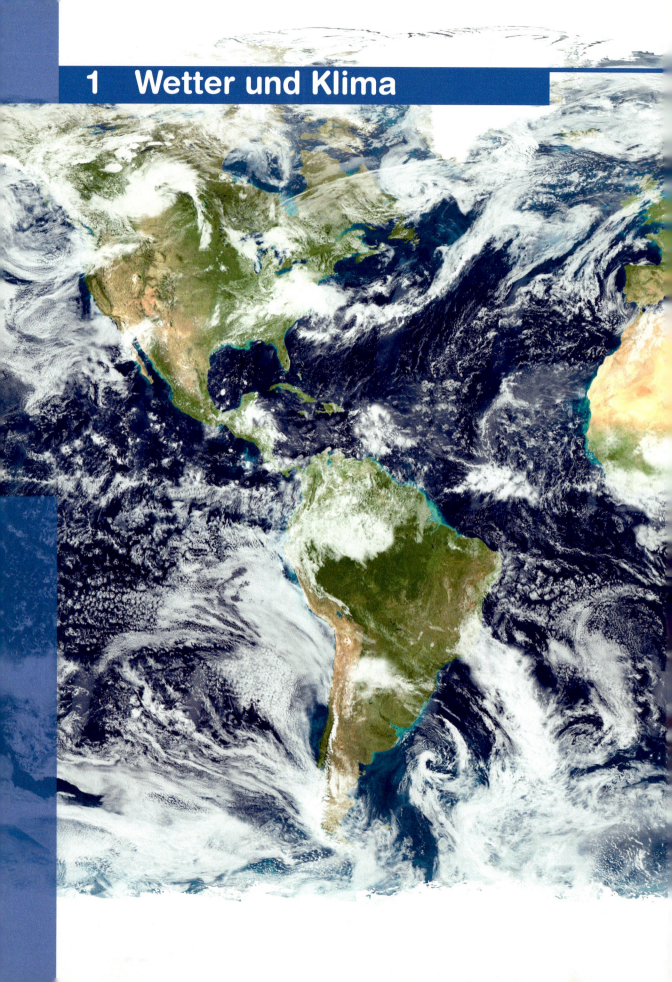
1 Wetter und Klima

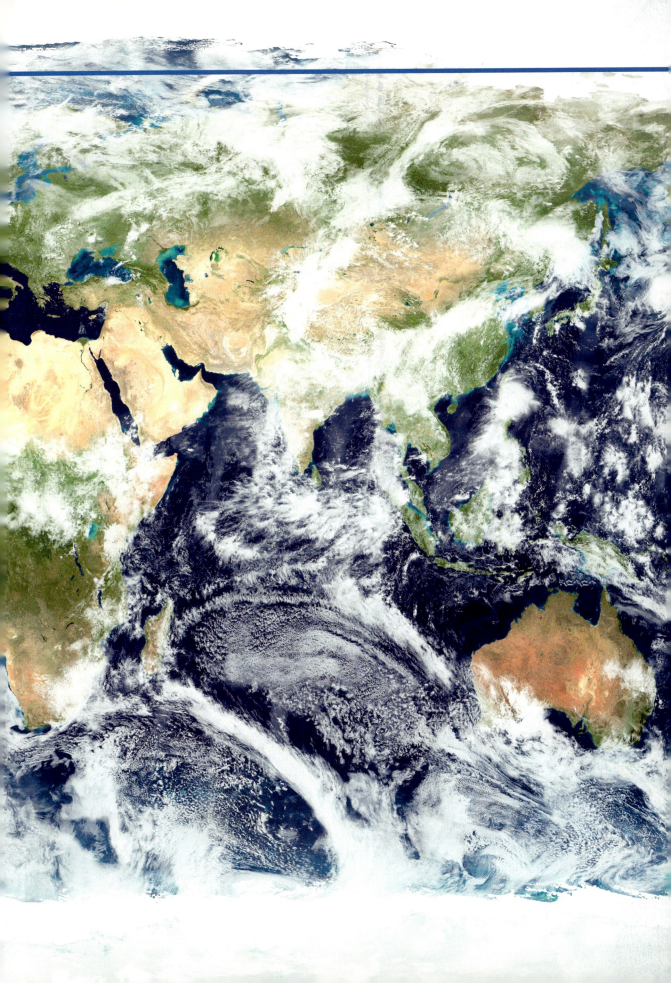

Wetter, Klima, Klimadiagramm ... Wie war das gleich noch mal?

Wie das Wetter ist, weiß jedes Kind, wenn es einen Blick nach draußen wirft. Was das Wetter ist, lässt sich schon schwerer erklären. Und dann gibt es auch noch die Witterung und das Klima. Ist das alles das Gleiche?
In den vergangenen Schuljahren hast du dich schon mit diesen Begriffen auseinandergesetzt. Du weißt: Das Wetter kann sich täglich oder sogar stündlich ändern. Es ist der augenblickliche Zustand der Atmosphäre über einem bestimmten Ort. Beschreibt man diesen Zustand zusammenfassend über mehrere Tage oder über Wochen, so spricht man von der Witterung. Typische Witterungen sind zum Beispiel das „Aprilwetter" mit ständigem Wechsel von Regen und Sonne oder Schönwetterperioden, die durch die stabile Lage eines Hochs verursacht werden.

Wetter und Witterung an einem Ort können innerhalb eines Jahres sehr unterschiedlich sein. Anders ist es mit dem Klima. Unter diesem Begriff werden die langjährigen Wetterbeobachtungen zusammengefasst und ihr Durchschnitt errechnet. Das Klima ist also etwas relativ Stabiles, Veränderungen fallen nur sehr gering aus, sind aber dafür schon in kleinen Maßen schwerwiegend.

Die drei Begriffe Wetter, Witterung und Klima unterscheiden sich also vor allem im zeitlichen Umfang ihrer Messung. Alle drei setzen sich aber aus den gleichen Beobachtungskriterien zusammen: den Wetter- bzw. Klimaelementen. Ein Wetterbericht ist nichts anderes als die Beschreibung dieser Elemente.

8.1

Wetterbericht für einen Tag im Oktober:
Das ausgedehnte Tiefdruckgebiet über Skandinavien verlagert sich langsam ostwärts. Dadurch gelangt feuchte Meeresluft zu uns.
Südlich des Mains ist es heute stark bewölkt bis bedeckt und gebietsweise fällt leichter Regen oder Sprühregen. Im restlichen Bayern nach Nebelauflösung heiter und trocken. Höchste Temperaturen zwischen 12 Grad im Süden und bis 18 Grad im Norden. Mäßiger Nordwestwind. In der kommenden Nacht bleibt es im Süden meist bedeckt, Regen fällt aber kaum noch. Im Norden teils klar. Tiefstwerte 9 bis 4 Grad. Die Schneefallgrenze sinkt auf etwa 1 800 m.

8.2 Wetterelemente

AUFGABEN >>

Entscheide, ob im Folgenden von Wetter, Witterung oder Klima die Rede ist!
- Auf der Zugspitze werden für morgen etwa 30 cm Neuschnee erwartet.
- Die Landwirte klagten in diesem Jahr über ein zu trockenes Frühjahr.
- In Mitteleuropa regnet es im Sommer am meisten.
- In Athen scheint die Sonne bei 32 °C.
- Während der vergangenen zwei Wochen war es für die Jahreszeit zu kalt.

8.3 Vegetation im Mittelmeerraum

9.1 und 2 Winter im ozeanischen Klima und im Kontinentalklima

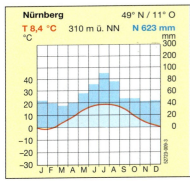

9.3 Klimadiagramm von Nürnberg

Beschreibung des Klimadiagramms von Nürnberg:
In Nürnberg fallen Niederschläge zu allen Jahreszeiten, insgesamt durchschnittlich 623 mm im Jahr. Das Niederschlagsmaximum liegt im Juli. Die Niederschlagskurve liegt ganzjährig über der Temperaturkurve, das heißt alle Monate sind humid.
Die höchsten Temperaturen werden mit durchschnittlich 18 °C ebenfalls im Monat Juli erreicht. Am niedrigsten sind die Temperaturen im Januar. Nur in diesem Monat liegen die Durchschnittswerte unter Null Grad im Monat (−1 °C). Die jährliche Temperaturschwankung (Jahresamplitude) liegt in Nürnberg bei 19 °C.

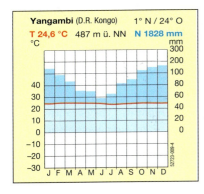 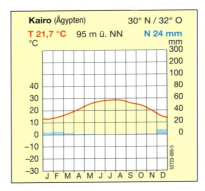 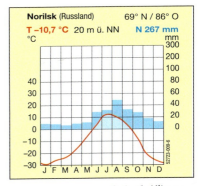

9.4–6 Klimadiagramme von Yangambi, Kairo und Norilsk

AUFGABEN >>

1. Erkläre die Begriffe Wetter, Witterung und Klima.
2. Benenne die Wetterelemente, die im Wetterbericht beschrieben werden. Gib auch die Einheiten an, in denen sie jeweils gemessen werden.
3. Beschreibe, auf welche Art sich die Pflanzen an das Klima im Mittelmeerraum anpassen (Abb. 8.3).
4. Beschreibe die Unterschiede zwischen ozeanischem und kontinentalem Klima (Abb. 9.1 und 2). Worauf führst du diese zurück?
5. Beschreibe die Klimadiagramme Abb. 9.4–6 nach der Vorlage von Abb. 9.3.

10.1 Blick auf die Atmosphäre

Ohne Atmosphäre kein Leben

Wenn wir nachts am Himmel eine Sternschnuppe sehen, dann freuen wir uns und sprechen heimlich einen Wunsch aus. Was so friedlich aussieht, ist in Wirklichkeit aber der Ausdruck eines kosmischen Dauerbeschusses, unter dem unser Planet steht. Ständig fallen kleine Metall- oder Gesteinsbrocken auf die Erde herab.

Dass wir davon wenig mitbekommen, haben wir unserem Schutzschild zu verdanken: der **Atmosphäre**. In dieser Hülle aus Luft, welche die Erde umgibt, verglühen die meisten der Teilchen aus dem All. So trifft nur selten ein Meteorit wirklich auf die Erde.

Aber die Atmosphäre ist noch aus anderen Gründen lebensnotwendig. Obwohl sie im Vergleich zum Durchmesser des Planeten nur ein hauchdünner Film über der Erdoberfläche ist, wäre ohne sie kein Leben möglich und die Erde sähe vollkommen anders aus.

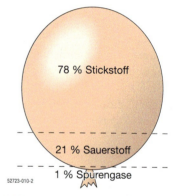

10.2 Zusammensetzung der Luft

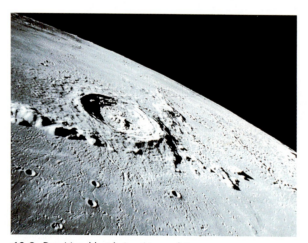

10.3 Der Mond hat keine Atmosphäre

Die Atmosphäre schützt nicht nur vor dem Beschuss aus dem All, sondern sie filtert auch die gefährlichen Röntgen- und UV-Strahlen aus dem Sonnenlicht.
Außerdem schützt sie die Erde vor dem Auskühlen. Ohne sie wäre es auf unserem Planeten im Durchschnitt −18 °C kalt. Die Erde wäre eine Eiswüste.
Die Atmosphäre wirkt zudem ausgleichend und transportiert zum Beispiel warme Luftmassen vom Äquator in Richtung der Pole.
Darüber hinaus hält sie auch den Wasserkreislauf der Erde in Gang. Dank der Atmosphäre kann also Feuchtigkeit aus den Ozeanen aufsteigen und als Niederschlag über dem Festland wieder herunterfallen.
Und schließlich beherbergt die Atmosphäre auch den Sauerstoff, den wir mit jedem Atemzug benötigen.

Der Aufbau der Atmosphäre

Die Schwerkraft der Erde hält das Gasgemisch, aus dem die Atmosphäre besteht, fest. Da mit zunehmender Höhe die Anziehungskraft abnimmt, wird auch die Luft immer dünner, bis schließlich irgendwann gar keine Luftteilchen mehr vorhanden sind. Nach oben hin geht die Atmosphäre also fließend in den Weltraum über.

Die Lufthülle lässt sich in unterschiedliche Schichten einteilen. Am bedeutendsten ist die unterste Schicht, die sogenannte **Troposphäre**. Sie reicht bei uns in Europa bis in eine Höhe von etwa 12 km. Innerhalb dieses Bereiches spielt sich das komplette Wettergeschehen ab. Hier unten befinden sich ungefähr 80 % der gesamten Luftmasse der Atmosphäre.

Wenn man die Troposphäre von unten nach oben durchsteigt, nimmt die Temperatur immer mehr ab. An ihrem oberen Rand ist es ungefähr -60 °C kalt. Steigt man noch höher, wird es aber plötzlich wieder wärmer. Das ist der Beginn des nächsten Stockwerks, der **Stratosphäre**. Diese Temperaturzunahme ist durch die **Ozonschicht** zu erklären, die sich in etwa 20 km Höhe in der Stratosphäre befindet. Die Konzentration von Ozon in diesem Bereich erfüllt eine wichtige Aufgabe: Sie filtert die gefährliche UV-Strahlung aus dem Sonnenlicht, die für Menschen krebserregend ist.

Auch die anderen Schichten der Atmosphäre werden nach dem Temperaturverlauf eingeteilt.

Der Treibhauseffekt

Geht es um die Klimaerwärmung, dann ist häufig vom Treibhauseffekt die Rede. Die Atmosphäre wirkt nämlich wie ein Gewächshaus (= Treibhaus), das die Wärme speichert. Das funktioniert so: Das kurzwellige Sonnenlicht kann die Atmosphäre durchdringen und auf die Erde auftreffen. Dort wird diese Sonnenstrahlung in langwellige Wärmestrahlung umgewandelt und strahlt wieder zurück. Die Atmosphäre hält diese Wärme aber zu einem großen Teil zurück. Dieses Phänomen ist eigentlich etwas sehr Positives, es wäre sonst bitterkalt auf der Erde.

Durch menschliche Aktivität wird die Atmosphäre aber so verändert, dass sie immer mehr dieser Wärme zurückhält. Deshalb wird es auf der Erde insgesamt wärmer. Verantwortlich dafür ist unter anderem ein Gas namens Kohlenstoffdioxid (CO_2), das beispielsweise beim Verbrennen von Öl entsteht.

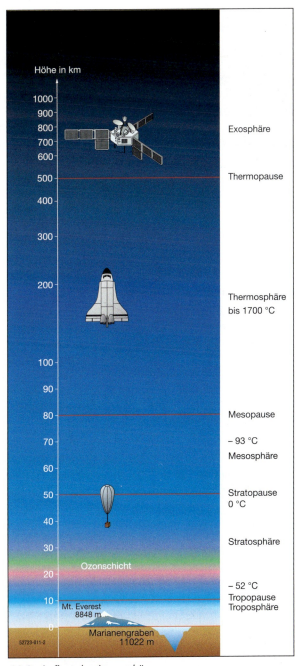

11.2 *Aufbau der Atmosphäre*

AUFGABEN >>

1. Beschreibe die Bedeutung der Atmosphäre für das Leben auf der Erde.
2. Erkläre, nach welchen Gesichtspunkten die Atmosphäre in verschiedene Schichten eingeteilt wird (Abb. 11.2).
3. Überlege, bei welchen Aktivitäten Öl oder Benzin verbrannt wird. Wie wirkt sich das auf die Atmosphäre aus?

Klima- und Vegetationszonen der Erde

Wenn es bei uns Winter ist, zieht es viele Menschen in wärmere Gebiete, z. B. in die Karibik, nach Indonesien oder auf die Seychellen. Dort liegen sie bei angenehmen Temperaturen am Strand, während zu Hause Frost angesagt ist. Doch warum herrschen nicht überall gleiche Temperaturen?

Die Menge an Sonnenstrahlen, die die Erde erreicht, ist überall gleich groß. Doch durch die Kugelgestalt der Erde treffen die Strahlen in unterschiedlichen Einfallswinkeln auf die Erdoberfläche. Am Äquator ist der Einfallswinkel besonders steil und somit wird eine bestimmte Fläche mit sehr viel Energie versorgt. Die oben genannten Urlaubsregionen liegen übrigens alle in Äquatornähe. Zu den Polen hin wird der Einfallswinkel immer flacher und die Strahlenmenge verteilt sich auf eine größere Fläche. Die Erdoberfläche erwärmt sich folglich nicht so stark.

Aus der unterschiedlichen Erwärmung der Erdoberfläche ergeben sich **Klimazonen**, die ungefähr parallel zu den Breitenkreisen verlaufen, die sogenannten mathematischen Klimazonen (Abb. 12.1). In der Realität ist das Klima aber von weiteren Faktoren abhängig.

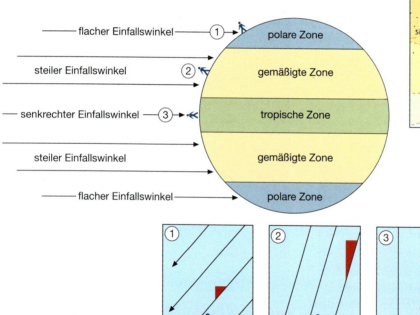

12.1

Klimafaktoren:
Wie du schon weißt, wird das Klima nicht nur durch die geografische Breitenlage bestimmt, sondern auch von weiteren Einflussfaktoren, nämlich durch ...

... *die Höhenlage:* Temperaturen nehmen mit zunehmender Höhe ab.

... *die Entfernung zum Meer:* Meere üben eine ausgleichende Wirkung auf das Klima aus. Im Sommer ist es somit kühler, im Winter wärmer als in meerfernen Gebieten.

... *die Lage zu Gebirgen:* Diese können dafür sorgen, dass Wolken gestaut werden. Niederschläge können also in Gebirgsnähe länger und stärker ausfallen.

... *die Meeresströmungen:* So versorgt der Golfstrom den Nordatlantik mit warmem Wasser und macht die Temperaturen erträglich.

... *die Hangneigung:* An Hängen können auch in nördlichen Breiten Sonnenstrahlen nahezu senkrecht eintreffen und den Boden mit mehr Wärme versorgen.

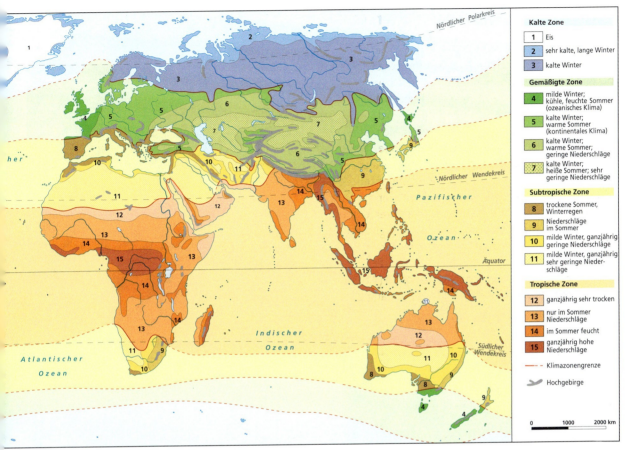

13.1 Klimazonen der Erde

Zusammenhang von Klima- und Vegetationszonen:

Das Klima hat einen direkten Einfluss auf die Vegetation. Denn das Pflanzenwachstum ist von den Temperaturen, Niederschlägen und Beleuchtungsverhältnissen abhängig. Deshalb verlaufen die Klima- und Vegetationszonen nahezu identisch gürtelförmig um die Erde: So gedeihen am Äquator die tropischen Regenwälder und auf der Nordhalbkugel wächst der boreale Nadelwald – eine Zone, die sich ebenfalls um die ganze Erde zieht.

AUFGABEN >>

1. Nenne Kontinente, die Anteil an allen Klimazonen haben (Abb. 13.1).
2. Erkläre, warum die Klimazonen nicht parallel zu den Breitenkreisen verlaufen.
3. Ordne den Klimazonen die jeweilige Vegetation zu (Abb. 13.1 und 2).

13.2 Vegetationszonen der Erde

14.1 Ausgetrockneter Boden

14.2 Tau auf einer Wiese

Die Entstehung von Niederschlägen

Auch wenn man es zunächst nicht glauben mag: Bei der Entstehung von Niederschlägen ist die Sonne die treibende Kraft. Denn sie erwärmt den Boden und verwandelt das Wasser im Boden in unsichtbaren Wasserdampf. Dieser wird dann von der erwärmten Luft aufgenommen (Verdunstung). Je wärmer die Luft ist, desto mehr Wasserdampf kann sie speichern (Abb. 15.4).
Nun steigt diese warme Luft samt Wasserdampf auf, dehnt sich aus und kühlt sich dabei wieder ab. Wenn die abgekühlte Luft keinen Wasserdampf mehr aufnehmen kann (Taupunkt), beginnt die Kondensation. Der Wasserdampf wird wieder sichtbar, indem sich die einzelnen Wasserteilchen in der Luft an kleinste Staubpartikel oder Eiskristalle anheften. Es bilden sich sichtbare Wolken. Wenn sich mehrere Wassertröpfchen in einer Wolke zusammenlagern, können diese so schwer werden, dass sie nicht mehr in der Wolke gehalten werden und als Niederschlag zu Boden fallen.

Experiment

Wie du weißt, dehnt sich warme Luft bei Erwärmung aus und steigt auf. Bei kalter Luft ist es genau umgekehrt: Sie sinkt zu Boden.
Dies beweist folgender Versuch: Zunächst stülpt man einen Luftballon über eine leere Flasche. Stellt man diese dann in warmes Wasser, so dehnt sich der Ballon aus, weil die erwärmte Luft in der Flasche nach oben steigt. Wenn man nun die Flasche in kaltes Wasser stellt, zieht sich der Ballon wieder zusammen, weil die abgekühlte Luft zu Boden sinkt.

14.3

Experiment

Dass warme Luft aufsteigt, kann man mit den Sinnen erfassen. So sieht man an heißen Sommertagen über Asphaltstraßen das Flimmern der Luft.
Sichtbar wird dies, indem man ein Streichholz etwa 5 cm über eine Kerzenflamme hält. Die aufsteigende heiße Luft entzündet das Streichholz.

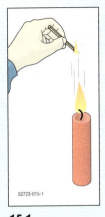
15.1

15.2 Warme Luft steigt auf.

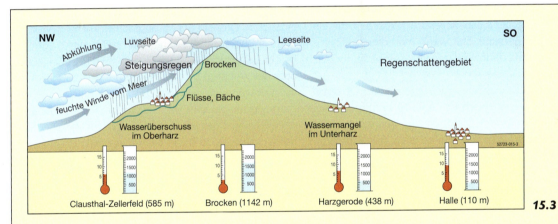
15.3

Steigungsregen
Über den Meeren nimmt die Luft besonders viel Wasserdampf auf. Feuchtwarme Luftmassen werden in Richtung Festland geweht. Treffen diese nun auf ein Gebirge, müssen sie aufsteigen. Da mit der Höhe die Temperatur abnimmt, kühlt sich die Luft ab und der Wasserdampf kondensiert. Dabei bilden sich Wolken. Muss die Luft noch weiter aufsteigen, kühlt sie sich noch stärker ab und es kommt zu Niederschlägen (Abb. 15.3).

15.4 Gewitter

AUFGABEN >>

1. Beschreibe die Entstehung von Niederschlägen.
2. Erkläre die Entstehung von Steigungsregen (Abb. 15.3).
3. Führe beide Experimente durch und überprüfe, ob du die genannten Ergebnisse bestätigen kannst (Abb. 14.4 und Abb. 15.1).
4. Überlege, warum Niederschläge im Sommer ergiebiger sind als im Winter.

Der Luftdruck

Wie schwer ist eigentlich Luft? Wer jetzt leichtfertig sagt: „Luft wiegt doch nichts", der irrt gewaltig. Denn wie alle anderen Körper wird auch jedes Gas von der Erde angezogen und hat damit ein Gewicht. Dieses Gewicht wird als Luftdruck bezeichnet. Man misst es in der Einheit Hektopascal (Abkürzung: hPa).
In Meereshöhe übt die Luft normalerweise einen Druck aus, der dem Gewicht einer Wassersäule von 1013 cm Höhe gleicht. Man spricht deshalb von einem **Normalluftdruck** von 1013 hPa.

16.1 *Der Versuch von Otto von Guericke (1657)*

Dass wir den Luftdruck nicht spüren, liegt daran, dass wir mit unserem Körper einen Gegendruck ausüben, der ein Gleichgewicht herstellt. Erst wenn man diesen Gegendruck wegnimmt, dann wird das ganze Gewicht der Luft deutlich.

Das probierte der Magdeburger Bürgermeister Otto von Guericke in einem Versuch aus (Abb. 16.1). Er fügte zwei Halbkugeln mit einem Dichtungsring aneinander und saugte mit einer Feuerwehrpumpe die Luft heraus. Nun presste der von außen wirkende Luftdruck die beiden Kugelhälften so stark aneinander, dass es selbst zwei Pferdegespannen nicht gelang, sie zu trennen.

Der Luftdruck ist also das Gewicht der Luftsäule über einem Ort. Deshalb ist er grundsätzlich auch auf Meereshöhe am höchsten. Je höher man steigt, desto geringer ist der Luftdruck, weil sich ja weniger Luft über einem befindet. Auf dem Mount Everest beträgt der Luftdruck beispielsweise nur noch ein Drittel.

Zum Messen des Luftdrucks benötigt man eine Dose, in der ein Unterdruck bzw. Vakuum herrscht. An einer Seite besitzt diese Dose keine Wand, sondern ist mit einer Membran überzogen, die weiter in die Dose hineingedrückt wird, je höher der Luftdruck ist. Befestigt man über einer Feder einen Zeiger an der Membran, kann man die Veränderung des Luftdrucks ablesen (Abb. 17.2).

 Experiment: Die Luftballonwaage

Benötigte Materialien: Holzstab, Bindfaden, zwei Luftballons, Klebstreifen, Nadel

So wird es gemacht:
Blase die Luftballons ungefähr gleich stark auf und klebe auf einen der beiden ein Stück Klebstreifen. Binde in der Mitte des Holzstabes mit dem Faden eine Schlaufe und befestige die beiden Luftballons am linken und rechten Ende des Stabes, sodass sich der Stab im Gleichgewicht befindet, wenn du ihn mithilfe der Schlaufe hältst.
Nun stichst du mit der Nadel durch den Klebstreifen in den Luftballon und lässt so die Luft heraus. (Der Klebstreifen verhindert, dass der Luftballon platzt.) Was kannst du beobachten? Notiere deine Beobachtungen.

16.2

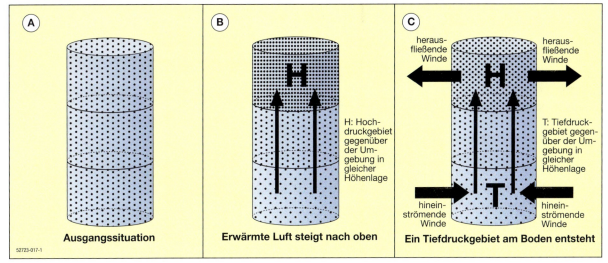

17.1 Luft wird erwärmt und steigt nach oben – was passiert?

Luftdruck und Wind

Der aktuelle Luftdruck über einem Ort ist ständigen Schwankungen unterlegen. Wenn eine Luftmasse erwärmt wird, dehnt sie sich aus und steigt auf. Umgekehrt sinkt sie auch ab, wenn sie kälter als ihre Umgebung ist. Die Luft gerät also in Bewegung. Dort, wo sie sich hinbewegt, entsteht ein Überschuss an Luftteilchen, es bildet sich hoher Luftdruck aus. Gleichzeitig entsteht an ihrem ursprünglichen Ort jetzt ein Mangel an Luftteilchen. Es herrscht hier tiefer Luftdruck (Abb. 17.1).
Mit der Zeit bilden sich großräumig Gebiete mit hohem Luftdruck (**Hochdruckgebiete**) und solche mit niedrigem Luftdruck (**Tiefdruckgebiete**). Diese sind für das Wettergeschehen von besonderer Wichtigkeit.
Weil die Luft die Eigenschaft hat, sich überall möglichst gleichmäßig zu verteilen, fließt eine Ausgleichsbewegung vom Hoch- zum Tiefdruckgebiet. Mit anderen Worten: Es entsteht Wind. Dieser ist umso stärker, je näher hoher und tiefer Luftdruck nebeneinander liegen. Der Wind weht immer vom Hochdruckgebiet heraus und ins Tiefdruckgebiet hinein.

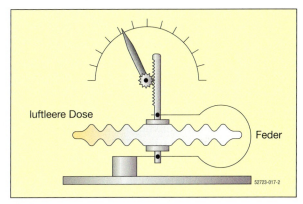

17.2 Barometer

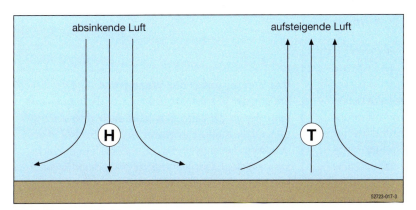

17.3 Hoch- und Tiefdruckgebiet

AUFGABEN >>

1. Erkläre mit eigenen Worten den Versuch mit den Magdeburger Halbkugeln (Abb. 16.1). Was beweist er?
2. Weshalb herrscht auf hohen Bergen ein geringerer Luftdruck als in Meereshöhe?
3. Beschreibe die Funktionsweise eines Barometers (Abb. 17.2).
4. Erkläre die Aussage: „Wind ist eine Form von Sonnenenergie."

Warum bringt ein Tiefdruckgebiet stets schlechtes Wetter?

„Ein Tiefdruckgebiet über den britischen Inseln bringt uns in den nächsten Tagen sehr regnerisches und stürmisches Wetter ..." So ähnlich hört sich der Wetterbericht bei uns häufig an und mit der Zeit wissen wir: Kündigt die Wettervorhersage ein „Tief" an, wird ein geplantes Fußballspiel oder Zeltlager mit großer Wahrscheinlichkeit „ins Wasser fallen". Um zu verstehen, weshalb das so ist, müssen wir uns nur in Erinnerung rufen, was wir über die Luft und den Luftdruck bereits wissen.

Im Tiefdruckgebiet befindet sich ein Mangel an Luftteilchen. Weil Luft sich aber gleichmäßig verteilen möchte, hat das zur Folge, dass hier Luftmassen aus allen möglichen Himmelsrichtungen angesaugt werden. Die Luftmassen sind nun aber eigentlich immer unterschiedlich warm: Vom Norden her strömt kältere Luft, vom Süden her wärmere Luft ins Tiefdruckgebiet. Und hier treffen sie aufeinander. Entlang einer bestimmten Grenzlinie stehen sich kalte und warme Luft wie feindliche Soldaten gegenüber. Man nennt diese Linie deshalb eine Front.

Drängen die Luftmassen weiter vorwärts, wird die wärmere zum Aufsteigen gezwungen, weil sie leichter ist.

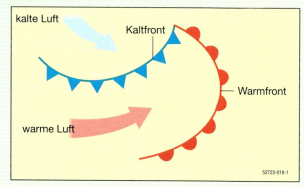

18.1 *Warm- und Kaltfront*

Sie gerät in höhere Schichten, kühlt sich ab und bildet Wolken, aus denen Niederschlag fallen kann. Je nachdem, welche Luftmasse vordringt, unterscheidet man zwischen **Kaltfront** und **Warmfront** (Abb. 18.1). Beide Fronten bringen fast immer schlechtes Wetter.

Im Hochdruckgebiet passiert übrigens genau das Gegenteil: Die Luft strömt am Boden auseinander, von oben her fließt Luft nach. Diese erwärmt sich dabei, sodass sich die Wolken auflösen. Die Sonne scheint.

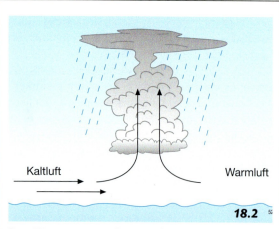

Das Wetter unter der Kaltfront
Entlang der Kaltfront dringt die schwere kalte Luft in den Warmluftsektor vor. Wie bei einem Auffahrunfall prallt sie in die warme Luft hinein und zwingt diese rasch zum Aufsteigen. Es entstehen hohe Wolkentürme, aus denen heftige Regenfälle niedergehen, die aber meist nicht besonders lang anhalten. Zum Teil können sich auch Gewitter bilden.

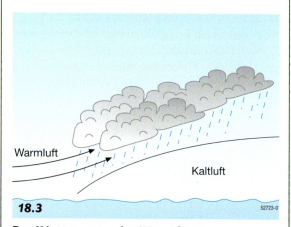

Das Wetter unter der Warmfront
Entlang der Warmfront bewegt sich die warme Luft schneller als die kalte. Das führt dazu, dass sie langsam auf die Kaltluft aufgleitet. Auch dabei bilden sich Wolken, allerdings sind diese eher breit und schichtartig angelegt. Der Himmel ist ein „grauer Einheitsbrei", langsam beginnt es zu regnen, meist nicht besonders heftig, aber lang anhaltend.

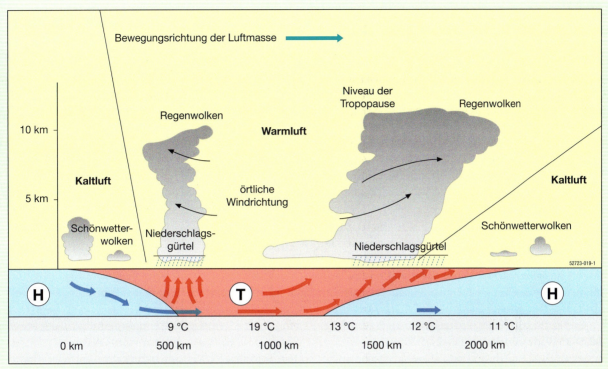

19.1 Durchzug eines Tiefdruckgebietes

19.2 und 3 Kaltfronten- und Warmfrontenwetter

Kauf' dir ein Tiefdruckgebiet!
Alle Hoch- und Tiefdruckgebiete werden mit Vornamen benannt, die dann für ein paar Tage die Wetterberichte prägen. Lange Zeit galt die Regel, dass Hochs nach Männern und Tiefs nach Frauen benannt werden – bis die Frauen dagegen protestierten, ständig nur für das schlechte Wetter verantwortlich zu sein. Heute wird im jährlichen Rhythmus abgewechselt.
Man kann sich sogar – gegen eine Spende an das Institut für Meteorologie in Berlin – einen Namen wünschen und damit Wetterpate werden. Also, warum nicht einmal ein Sturmtief nach dem Bruder oder der Schwester benennen lassen?
(www.met.fu-berlin.de/wetterpate/)

AUFGABEN >>

1. Erkläre den Unterschied zwischen Kaltfront und Warmfront.
2. Beschreibe die Veränderung des Wetters beim Durchzug eines Tiefdruckgebietes (Abb. 19.1).

1 Wetter und Klima

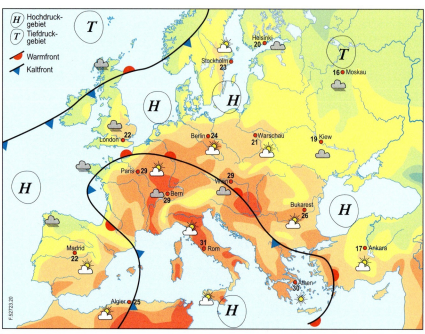
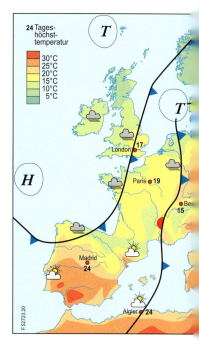

20.1–3 Wetterkarten vom 25. – 27.5.2009

Weißt du, wie das Wetter wird?

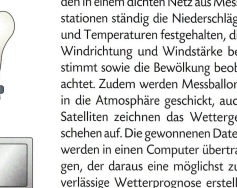

20.4

Kaum ein Thema beschäftigt die Menschen so sehr wie das Wetter. Das ist nicht verwunderlich, schließlich hat es auch gehörigen Einfluss auf unseren Alltag. So bestimmt beispielsweise das Wetter, welche Kleidung wir tragen oder ob der Bauer eine reiche Ernte einfährt.

Um das Wetter vorhersagen zu können, hat der Mensch zahlreiche Messinstrumente erfunden. So werden in einem dichten Netz aus Messstationen ständig die Niederschläge und Temperaturen festgehalten, die Windrichtung und Windstärke bestimmt sowie die Bewölkung beobachtet. Zudem werden Messballons in die Atmosphäre geschickt, auch Satelliten zeichnen das Wettergeschehen auf. Die gewonnenen Daten werden in einen Computer übertragen, der daraus eine möglichst zuverlässige Wetterprognose erstellt. Eine Prognose lässt sich am besten in Form einer Wetterkarte darstellen. Diese sind mit verschiedenen Symbolen vollgepackt, zum Beispiel mit Zeichen für die Wetterelemente Bewölkung, Sonnenschein und Niederschlag (Abb. 20.1-3). Auch eine Vielzahl von Linien ist eingetragen. So kann man Linien gleichen Luftdrucks, die sogenannten Isobaren, erkennen. Diese zeigen das Druckgefälle in einem Gebiet an. Daraus lassen sich Rückschlüsse auf die Heftigkeit von Winden ziehen: Denn je näher die Isobaren aneinander liegen, desto größer ist der Luftdruckunterschied und desto größer ist die Wahrscheinlichkeit eines Sturmes.

Außerdem kann man erkennen, aus welcher Richtung die verschiedenen Luftmassen kommen. Dies hat großen Einfluss auf das Wetter, denn Luftmassen, die sich beispielsweise aus dem nördlichen Atlantik zu uns bewegen, bringen ein feuchtkühles Wetter.

Des Weiteren sind in eine Wetterkarte die sogenannten Fronten eingetragen. Man unterscheidet dabei zwischen Warm- und Kaltfronten (> S. 18). Warmfronten werden in Wetterkarten mit einer Linie aus roten Halbkreisen eingezeichnet. Sie können dafür sorgen, dass es längere Zeit regnet, die Bewölkung zunimmt und die Temperaturen langsam ansteigen. Kaltfronten werden durch eine Linie aus blauen Dreiecken symbolisiert. Das Wetter bleibt bei einem Durchzug einer Kaltfront unbeständig und es treten häufig Schauer und Gewitter auf. Die Temperatur sinkt dabei.

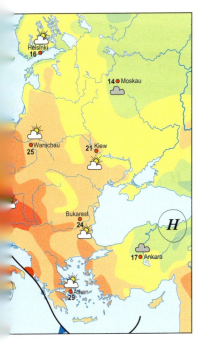
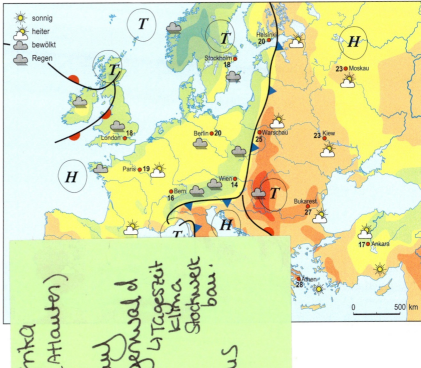

  Tipps zum Lesen einer Wetterkarte

- Bestimme als Erstes den Ort, für den du eine Wettervorhersage erstellen willst.
- Achte auf die Symbole der Wetterkarte, die in der Legende erklärt sind.
- Beschreibe die Verteilung der Hoch- und Tiefs und achte auf den jeweiligen Luftdruck.
- Suche die Richtung, aus denen die Luftmassen transportiert werden.
- Bestimme den Verlauf von Warm- und Kaltfronten.
- Gib die Temperatur an. Diese wird durch die verschiedenen Farben ausgedrückt (vgl. Legende).
- Du kannst auch die Wetterelemente Bewölkung und Niederschlag aus einer Wetterkarte herauslesen (vgl. Legende).

21.1 Satellitenbild eines Tiefdruckgebietes über Großbritannien

AUFGABEN >>

1. Beschreibe die Wetterlage über Deutschland in Abb. 20.1.
2. Erkläre, wie sich das Wettergeschehen über Europa innerhalb von drei Tagen verändert (Abb. 20.1–3).
3. Erstelle mithilfe der Wetterkarten einen Wetterbericht für Berlin.

22.1 In einer Hotelrezeption

Die Erdrotation

Wie du schon weißt, treffen die Sonnenstrahlen immer nur aus einer Richtung auf die Erdoberfläche. So herrscht auf der beschienenen Seite Tag, auf der anderen Seite, die im Schatten liegt, Nacht. Dieser Zustand ändert sich aber, da sich die Erde in 24 Stunden einmal um ihre eigene Achse dreht. Man spricht von **Erdrotation**.

Die Erddrehung verläuft in West-Ost-Richtung, sodass man die Sonne im Osten aufgehen und im Westen untergehen sieht – obwohl sie sich gar nicht bewegt. Entlang eines Breitenkreises erreicht die Sonne zu unterschiedlichen Zeiten ihren Höchststand.

Doch wie kann es sein, dass der Sonnenhöchststand überall um 12:00 Uhr mittags erreicht wird und nicht an einem Ort um 11:45 Uhr, am nächsten um 12:00 Uhr, am nächsten um 12:15 Uhr usw.? Dies liegt daran, dass man die Erde in 24 **Zeitzonen** eingeteilt hat, in denen jeweils eine einheitliche Zonenzeit gilt (> S. 107). Der Zeitunterschied von einer Zeitzone zur nächsten beträgt eine Stunde. Dabei entspricht eine Zeitzone ungefähr 15 Längengraden (Abb. 22.2). Des Weiteren hat man festgelegt, dass jeder durch 15 teilbare Längenkreis den Mittellängenkreis einer jeden Zeitzone bildet. Für unsere Zeitzone, der Mitteleuropäischen Zeit (MEZ), gilt also eine Erstreckung von 7,5° Ost bis 22,5° Ost. Der Mittelmeridian wäre bei 15° Ost.

> *Weißt du noch?*
> Die vom Süd- zum Nordpol verlaufenden Linien nennt man Längen(halb)kreise (**Meridiane**). Sie sind 20 000 km lang. Dies entspricht dem halben Erdumfang. Am Äquator ist der Abstand zwischen zwei Längenkreisen am größten, zu den Polen hin nimmt er ab. Dort laufen die Längenkreise zusammen. Man hat die Erde in 360 Längenkreise eingeteilt. Der 0°-Längenkreis (Nullmeridian) verläuft durch eine Sternwarte im Londoner Stadtteil Greenwich. Dieser teilt die Erde in eine Ost- und eine Westhälfte. Es gibt also 180 Meridiane in Ost- und 180 Meridiane in Westrichtung.
>
>
>
> **22.2**

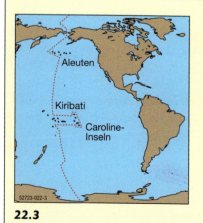

22.3

Die Datumsgrenze

Beim Betrachten einer Zeitzonenkarte (Abb. 23.1) wirst du feststellen, dass es – ausgehend von der MEZ – dreizehn Zeitzonen in westlicher und elf in östlicher Richtung gibt. Erreicht man den 180. Längengrad aus westlicher Richtung, so ist man dort 13 Stunden hinter der MEZ zurück, aus östlicher Richtung ist man 11 Stunden vor der MEZ. Es ergibt sich also ein Unterschied von 24 Stunden, also einem ganzen Tag.

Deshalb liegt hier die sogenannte Datumsgrenze. Während der Tag in Gebieten westlicher Länge endet, beginnt er gleichzeitig in Gebieten östlicher Länge. Beim Überschreiten der Datumsgrenze ändern sich Datum und Wochentag. Bewegt man sich von West nach Ost über die Datumsgrenze, so geht es einen Tag vor, bewegt man sich von Ost nach West über die Datumsgrenze, geht es 24 Stunden zurück.

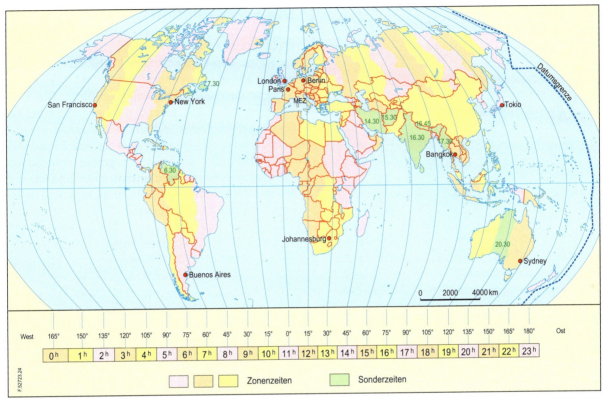

23.1 Zeitzonenkarte

Heute noch in den Tropen, morgen schon am Polarkreis: Ein Modefotograf berichtet von seinen fast täglich wechselnden Arbeitsplätzen:

„Hi, ich bin Brad Donovan und stamme aus New York. Doch dort bin ich nur selten, da ich ein gefragter Mann bin. Erst am letzten Sonntag, am 23. Oktober, flog ich um 10:00 Uhr Ortszeit in sechs Stunden nach Los Angeles. Dort wurden passende Locations für ein Fotoshooting für eine neue Sommerkollektion ausgewählt.

Mann, war das ein Stress, denn keine vier Stunden später saß ich wieder im Flugzeug, um zum ersten Aufnahmeort zu fliegen. Von Rio de Janeiro sah ich nicht viel, als wir nach 14 Stunden Flug ankamen. Wenigstens konnte ich mal wieder eine Mütze voll Schlaf nehmen. Es war echt nervig, dass ich schnell einige Fotos schießen musste und den restlichen Tag nicht an der Copacabana ausspannen konnte, weil ich mich um 16:00 Uhr schon wieder auf den Weg nach Kapstadt in Südafrika machen musste. Spät abends kam ich nach zwölf Stunden an, konnte aber nicht lange bleiben, weil man meine Termine mal wieder kurzfristig geändert hatte.

Ständig der gleiche Zirkus! So saß ich nur zwei Stunden später erneut im Flugzeug. Sydney war mein nächstes Ziel. Der nächste nervtötende Flug! Nach 16 Stunden konnte ich endlich im Hotel chillen. Aber schon früh morgens war das Shooting angesetzt, denn ich hatte es eilig, die Maschine um 18:00 Uhr zu erwischen, weil ich die Fotos meinen Auftraggebern in Paris vorlegen musste. Am Morgen kam ich nach 23 Stunden in Paris an und der Deal ging über die Bühne. Jetzt hatte ich endlich Zeit, die herrliche Stadt zu genießen."

AUFGABEN >>

1. Begründe, warum die Aussage „Die Sonne geht auf" eigentlich falsch ist.
2. Wie lange dauert es, wenn die Erde um 2° rotiert?
3. Nenne Staaten, die an mehreren Zeitzonen Anteil haben (Abb. 23.1).
4. In Abb. 23.1 findest du auch Staaten, die Anteil an mehreren Zeitzonen hätten, aber dennoch eine einheitliche Zeit eingeführt haben.
   a) Nenne diese Staaten.
   b) Überlege, welche Auswirkungen dies auf das Leben der Menschen hat.
5. Verfolge den Arbeitsalltag des Modefotografen, der rund um die Erde unterwegs ist. Bestimme für jeden Ort das jeweilige Datum und die korrekte Uhrzeit (Abb. 23.1).

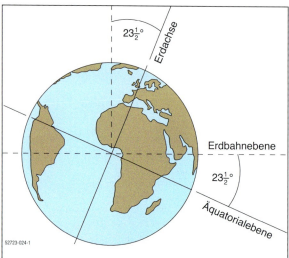

24.1 Neigung der Erdachse

Die Erdrevolution

Im Laufe eines Jahres bewegt sich die Erde einmal um die Sonne. Dies nennt man **Erdrevolution**. Ihren Weg um die Sonne nimmt die Erde nicht auf einer Kreisbahn, sondern auf einer elliptischen Bahn. Die Erdachse ist um 23,5° geneigt (Abb. 24.1), wobei die Neigung der Erdachse während des Umlaufs um die Sonne immer gleich bleibt. Dies hat zur Folge, dass sich für jeden Ort auf der Erde innerhalb eines Jahres der Einfallswinkel der Sonnenstrahlen ändert und somit unterschiedlich hohe Beleuchtungsmengen die verschiedenen Orte erreichen.

1 Wie du schon gehört hast, ist die Erwärmung der Erdoberfläche umso größer, je steiler die Sonnenstrahlen auf die Erde treffen. Ist der Einfallswinkel der Sonnenstrahlen flacher, verteilt sich Wärmestrahlung auf eine größere Fläche und die Erwärmung wird deshalb geringer. Diese unterschiedlichen Strahlungsverhältnisse werden Jahreszeiten genannt.

Um die Entstehung der Jahreszeiten zu verstehen, folgen wir einem beliebigen Ort auf der Nordhalbkugel durch das Jahr.

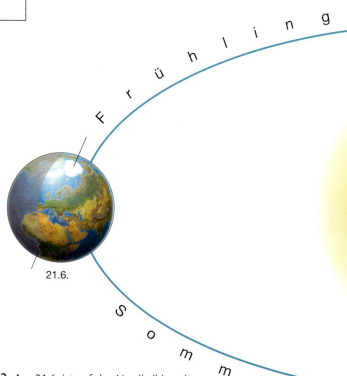

24.2 Im Sommer

2 Am 21.6. ist auf der Nordhalbkugel Sommerbeginn. Es herrscht der längste Tag und die kürzeste Nacht. Der Nordpol ist zur Sonne geneigt, sodass die Sonnenstrahlen hier steiler einfallen und das Gebiet stärker erwärmen (siehe auch S. 12).

5 Ab 21.3. werden die Tage wieder länger als die Nächte. Es ist Frühlingsbeginn. Wie im Herbst auch neigt sich die Erdachse nicht in Richtung Sonne, sodass alle Gebiete gleich lang beschienen werden.

25.1 im Winter

4 Der Winter beginnt am 21.12. An keinem Tag des Jahres zeigt sich die Sonne kürzer. Der Nordpol ist von der Sonne abgewandt, die flacher einfallenden Sonnenstrahlen müssen eine größere Fläche erwärmen.

Deshalb gehen die Temperaturen zurück. Die flacher einfallenden Sonnenstrahlen lassen sich an den länger werdenden Schatten erkennen (Abb. 25.1).

3 Am 23.9., dem Herbstbeginn, herrscht Tag- und Nacht-Gleiche, d. h. Tag und Nacht dauern gleich lang. Dies liegt daran, dass die Erdachse weder auf der Nord- noch auf der Südhalbkugel zur Sonne geneigt ist. Alle Gebiete werden gleich stark mit Sonnenstrahlen versorgt.

25.2 Sonnenbogen zu verschiedenen Jahreszeiten

26.1 Weihnachten in Neuseeland

26.2 Zenitstände der Sonne im Jahresverlauf

Weihnachten = Winter?

Was gehört zu einem perfekten Weihnachtsfest? Neben dem Christbaum und Geschenken zählen für viele Menschen verschneite Gegenden dazu. In unseren Breiten sind „weiße Weihnachten" nichts Ungewöhnliches.
Zu dieser Zeit beginnen in Neuseeland jedoch die Sommerferien. Die Temperaturen sind dann hoch und die Menschen gehen zum Baden. Der Weihnachtsmann könnte also in Badehosen auf dem Surfbrett angebraust kommen (Abb. 26.1). Doch warum kann bei uns Winter und in Neuseeland gleichzeitig Sommer sein?
Dies liegt an der Schrägstellung der Erdachse. Wenn in unserem Winter die Erdachse von der Sonne weggeneigt ist, ist die Südhalbkugel der Sonne zugewandt. Die Sonnenstrahlen fallen also am 21.12. in Neuseeland besonders steil ein, weil die Sonne über dem südlichen Wendekreis senkrecht (**Zenit**) steht. Dabei wird die Erdoberfläche stärker erwärmt (> S. 24/25).
Umgekehrt verhält es sich am 21.6. Die Nordhalbkugel ist der Sonne zugewandt, die Südhalbkugel abgewandt. Die Sonne steht direkt über dem nördlichen Wendekreis, sodass die Sonnenstrahlen auf der Südhalbkugel demnach flacher einfallen und größere Gebiete erwärmen müssen. Es herrscht Winter in Neuseeland.
Am 21.3. und 23.9. neigt sich die Erdachse gar nicht Richtung Sonne, d.h. die Sonne steht jeweils am Äquator im Zenit. Alle Gebiete werden gleich stark von ihr beschienen. Es herrscht sowohl auf der Nord- als auch auf der Südhalbkugel Tag-und-Nacht-Gleiche. Wenn bei uns am 21.3. Frühlingsbeginn ist, fängt in Neuseeland der Herbst an. Am 23.9. verhält es sich genau umgekehrt.

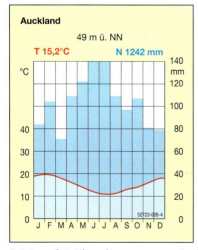

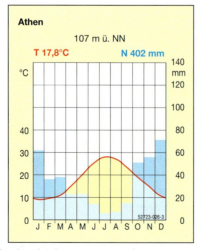

AUFGABEN >>

1. Erkläre anhand Abb. 26.2, welche Jahreszeiten zu den angegebenen Daten jeweils auf der Nord- und Südhalbkugel herrschen.
2. Beschreibe die Folgen, wenn die Erdachse senkrecht stünde.
3. Suche die Orte aus Abb. 26.3 und 4 im Atlas. Auf welcher geografischen Breite liegen Athen und Auckland? Werte im Anschluss die dazugehörigen Klimadiagramme aus. Welche Unterschiede stellst du fest?

26.3 und 4 Klimadiagramme von Auckland und Athen

Experimente zu den Jahreszeiten

Schattenwurf messen

Benötigtes Material: ein etwa 60 cm langer Stab (z.B. aus Holz oder Metall), Maßband

So wird es gemacht: Stecke den Stab etwa 10 cm in den Boden (oder zwischen zwei Pflastersteine). Bestimme nun täglich zur gleichen Zeit und über mehrere Wochen (mindestens zwei Wochen) den Endpunkt des Schattenwurfs (Abb. 27.1). Miss jeweils die Entfernung zwischen Stab und Endpunkt des Schattens. Notiere deine Ergebnisse ins Heft. Was stellst du am Ende deiner Beobachtungen fest?

27.1 Schüler messen den Schattenwurf

Sonnenbogen-Modell basteln

Benötigtes Material: Pappkarton (DIN A4), eine Scheibe aus Pappkarton (Ø etwa 14–15 cm), eine Musterbeutelklammer (wie zum Verschluss von Versandtaschen), Filzstifte, Münze als Sonne

So wird es gemacht: Zeichne auf den Pappkarton eine Nord-Süd-Linie. Oberhalb dieser Linie ist Tag, unterhalb Nacht. Auf der Scheibe trägst du parallel die Sonnenbahnen für Sommer (So) und Winter (Wi), dazwischen für Frühjahr (Fr) und Herbst (He), ein. Lege die Scheibe auf den Pappkarton und verbinde beide mit der Musterbeutelklammer. Welche Aussage kannst du über die Länge der Sonnenbögen zu den verschiedenen Jahreszeiten am Äquator, an den Polen und an den dazwischen liegenden Breiten treffen?

27.2 Sonnenbogen-Modell

Einfallswinkel der Sonnenstrahlen messen

Benötigtes Material: 2 Holzleisten, Nägel, Schnur, Winkelmesser (oder Geodreieck)

So wird es gemacht: Zunächst musst du die beiden Holzleisten im rechten Winkel zusammennageln. Drehst du nun deinen Schattenwerfer in Richtung Sonne, so wirft die senkrechte Holzleiste einen Schatten auf die waagerechte. Verbinde das Ende des Schattens und die Oberkante der senkrechten Holzleiste (also der Schatten werfenden Leiste) mit der straff gespannten Schnur. Nun kannst du den Einfallswinkel der Sonnenstrahlen mit einem Winkelmesser ablesen (Abb. 27.3). Wiederhole deine Messungen mehrere Tage hintereinander zur gleichen Zeit und notiere deine Ergebnisse ins Heft. Was stellst du fest?

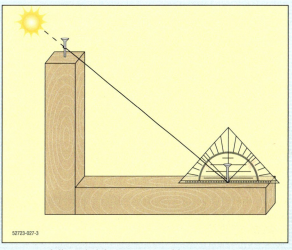

27.3 Einfallswinkel der Sonnenstrahlen messen

Polartag - Polarnacht

28.1 Tromsö im Juli um 24 Uhr

28.2 Tromsö im Januar um 12 Uhr

Die Bildunterschriften 28.1 und 2 wurden keineswegs versehentlich vertauscht – auch wenn es auf den ersten Blick verwundern mag, dass mitternachts die Sonne in Tromsö scheint. Doch warum geht die Sonne im hohen Norden Europas den ganzen Tag nicht unter?
Verantwortlich dafür ist die Schrägstellung der Erdachse um etwa 23,5°. Sie ist auch Grund für die Jahreszeiten. Denn neigt sich in unserem Sommer der Nordpol in Richtung Sonne, so wird die Region nördlich des Polarkreises 24 Stunden von der Sonne beschienen, d. h. es herrscht **Polartag** (Abb. 29.1).
Für die Dauer des Polartages gilt: Je höher die geografische Breite, desto länger dauert der Polartag (Abb. 29.2). Am Polarkreis sind es genau 24 Stunden (am 21.6.), am Nordpol dauert er ein halbes Jahr.

Im Winter bleibt es selbst mittags in Tromsö trübe (Abb. 28.2), weil sich die Sonne den ganzen Tag über nicht blicken lässt. Wieder ist die Schrägstellung der Erdachse der Grund dafür: Nun ist sie von der Sonne weggeneigt und die Sonnenstrahlen erreichen die Region nördlich des Polarkreises in 24 Stunden kein einziges Mal. Es herrscht **Polarnacht** (Abb. 29.1).
Auch für die Polarnacht gilt: Je höher die geografische Breite, desto länger dauert die Polarnacht (Abb. 29.2). Am Polarkreis sind es genau 24 Stunden (am 21.12.), am Nordpol beträgt die Dauer ein halbes Jahr.
Polartag und Polarnacht gibt es natürlich auch auf der Südhalbkugel. Wenn auf der Nordhalbkugel Polartag ist, dann herrscht auf der Südhalbkugel Polarnacht und umgekehrt.

28.3 Sonnenbahn zur Zeit der Mitternachtssonne in der Arktis

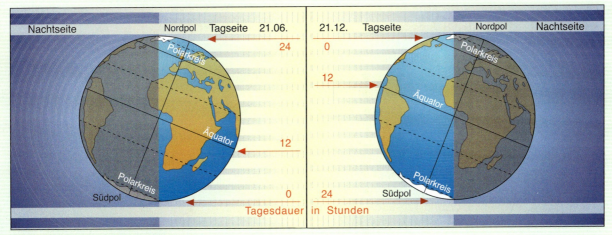

29.1 Beleuchtung am 21. Juni und am 21. Dezember

Leben mit Polartag und Polarnacht

Du kannst dir sicher vorstellen, dass die ständige Dunkelheit einen gehörigen Einfluss auf das Leben der Menschen in den Polargebieten hat. Jeder Mensch braucht schließlich für die körperliche Entwicklung Sonnenlicht. Fehlt nun dieses, so treten vermehrt Krankheiten auf. Des Weiteren kommt es häufig zu psychischen Belastungen (z. B. Depressionen) durch den Sonnenentzug.

Selbst scheinbar gewöhnliche Schwierigkeiten, an die man zunächst nicht denkt, sind von den Menschen zu meistern. So ist das Arbeiten und das Lernen sowohl in Beruf als auch in der Schule nur bei künstlichem Licht möglich – und das erhöht den Energiebedarf enorm.

Doch auch der Mittsommer, also die ständige Helligkeit, birgt Probleme in sich. Bei Tageslicht zu schlafen, bereitet vielen Menschen arge Schwierigkeiten, sodass bei einigen der „Tag-Nacht-Rhythmus", also der Wechsel zwischen Wachsein und Schlafen, durcheinander gerät.

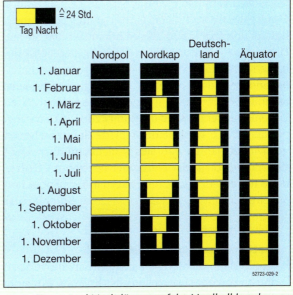

29.2 Tages- und Nachtlängen auf der Nordhalbkugel

AUFGABEN >>

1. Erkläre mit eigenen Worten die Entstehung von Polartag und Polarnacht (Abb. 29.1).
2. Begründe die unterschiedlichen Tageslängen an Orten verschiedener Breitenlagen (Abb. 29.2).
3. Beschreibe den Sonnenstand an einem Polartag (Abb. 28.3).
4. Wann ist bei uns der längste Tag, wann die längste Nacht (> S. 24/25)?

Macht und Magie – das Wissen um den Gang der Gestirne

Weltweit versuchen Archäologen zu verstehen, wie frühere Kulturen lebten und welchen Zweck ihre zum Teil seltsamen Hinterlassenschaften hatten. Oft rätseln sie bis heute. In vielen Fällen stellte sich aber heraus, dass sie zur Beobachtung des Himmels dienten. Anscheinend wussten die Menschen mancherorts schon lange, dass das Leben auf der Erde gewissen Regelmäßigkeiten gehorcht. Nicht nur der offensichtliche Wechsel von Tag und Nacht und die Mondphasen fielen auf. Funde, die bis in die Steinzeit zurückreichen, zeugen von enormem Wissen über Himmelsereignisse wie Sonnenwende und Tag-und-Nacht-Gleiche.

Bauern half dieses Wissen, den richtigen Zeitpunkt für Aussaat und Ernte herauszufinden. Besonders einfallsreich nutzten die Priester und Herrscher ihre Kenntnisse über die Vorgänge am Himmel. Sie trieben die Menschen zum Bau gigantischer Tempelanlagen und verlangten reiche Opfergaben, damit sie die Götter gnädig stimmten.

Bereits vor über 7 000 Jahren erkannten die Sumerer, dass man durch Himmelsbeobachtung einen Kalender erstellen kann. Die alten Ägypter hatten ihr Jahr in zwölf Monate eingeteilt, die immer mit dem Neumond begannen. Und um das Jahr 1 000 v. Chr. besaßen die Chinesen eine Zeitrechnung, in der das Jahr 365,25 Tage hatte.

Unser Kalender geht auf die Römer zurück. Ursprünglich begann das Jahr mit dem März (weshalb der Februar als letzter Monat kürzer ist). In einigen Monatsnamen wird dies bis heute deutlich: Der Oktober war früher der achte Monat, der Dezember der zehnte. Durch Julius Cäsar wurde der Kalender 45 v. Chr. reformiert. Ihm zu Ehren nennt man den siebten Monat Juli.

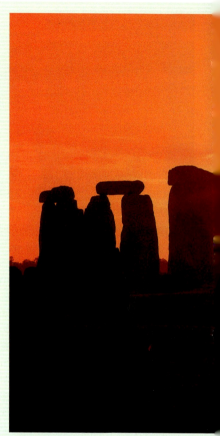

30.1 *Stonehenge*

Die Himmelsscheibe von Nebra

Im südlichen Sachsen-Anhalt fand man die weltweit älteste konkrete Darstellung des Kosmos. Auf einer 3 600 Jahre alten Bronzescheibe mit einem Durchmesser von 32 Zentimetern sind die Sonne, der Vollmond, die Mondsichel sowie 32 Sterne dargestellt. Einkerbungen zeigen die Auf- und Untergangspunkte der Sonne innerhalb eines Jahres.

Die Himmelsscheibe diente wahrscheinlich als Erinnerungsstütze für die Himmelsbeobachtung. Außerdem vermuten Wissenschaftler, dass durch eine ausgeklügelte Schaltregel die unterschiedliche Dauer von Sonnenjahr (365 Tage) und Mondjahr (355 Tage) in Einklang gebracht werden konnte.

30.2 *Himmelsscheibe von Nebra*

Stonehenge: Diese mystische Stätte im Südwesten Englands besteht seit etwa 3000 Jahren und gibt nach wie vor Rätsel auf. In zwei Kreisen ragen bis zu 25 t schwere Steinquader auf, verbunden mit gewaltigen Quersteinen. Umgeben ist die Anlage von einem Erdwall, dessen Öffnung genau in die Richtung des Sonnenaufgangs am Tag der Sommersonnwende zeigt. Seltsamerweise wurden die Steinblöcke bis zu 250 km hierhin transportiert. Man vermutet, dass die Anlage dazu gedient hat, Sonnen- und Mondfinsternisse im Voraus zu berechnen. Darüber hinaus wurde sie vermutlich als religiöse Stätte benutzt.

Die Pyramide des Kukulcán

Auf der mexikanischen Halbinsel Yukatan liegt eine Ruinenstadt der alten Maya-Kultur, die Chichen Itza genannt wird. Hier steht ein ganz besonderer Tempel. Nicht nur, dass an dieser Pyramide genau 365 Treppen zur Spitze führen, sie zeigt auch an zwei Tagen ein ungewöhnliches Schauspiel: Jeweils zum Datum der Tag-und-Nacht-Gleiche wird die Pyramide so von der Sonne beschienen, dass eine Seite ganz im Schatten liegt. Nur die Treppe wird noch von der Sonne bestrahlt. Hier bildet die Kante der Pyramide ihren eigenen Schatten als wellenförmiges Band ab. Dieses vereinigt sich mit einem steinernen Schlangenkopf am Fuße der Treppe, sodass sich der Schlangengott Kukulcán zeigt.

31.2 Pyramide des Kukulcán

31.1 Mechanismus von Antikythera

Dieses Gerät aus mehr als 30 Zahnrädern wird von manchen als erster Computer der Welt bezeichnet. Man hat nur Überreste davon aus einem 2000 Jahre alten Schiffswrack in Griechenland geborgen. Man fand heraus, dass mit dem Gerät die Bewegungen der Himmelskörper berechnet werden konnten und sogar Sonnen- und Mondfinsternisse vorhergesagt wurden. Besonders außergewöhnlich: Es enthält bereits ein Getriebe, das eigentlich erst im 13. Jh. erfunden wurde.

AUFGABEN >>

1. Erkläre, wofür das Wissen über die Gestirne wichtig war.
2. Überlege, an welchen weiteren Monatsnamen die frühere Reihenfolge deutlich wird.
3. Bearbeitet in Gruppen die angeführten archäologischen Beispiele und stellt sie der Klasse vor. Weitere Informationen findet ihr im Internet.

Wetterrekorde weltweit

Niederschlag, Bewölkung, Temperatur, Sonnenschein, Wind – jeder von uns kennt die Elemente, die das Wetter und somit häufig unseren Alltag prägen. Obwohl wir es gewöhnt sind, tagtäglich mit diesen Klimaelementen zu leben, ist es immer wieder erstaunlich, welch extreme Wetterrekorde die Natur hervorbringt. Im Folgenden sollen uns einige der größten Rekorde des Wetters zum Staunen bringen.

(a) *365 Tage Regen im Jahr:* in Bahia Felix, Patagonien (Chile)

(b) *Weltrekord der durchschnittlichen jährlichen Regenmenge:* 11 684 mm am Mount Waialeale, Hawaii (USA)

(c) *Höchste je im Schatten gemessene Temperatur der Welt:* 58 °C in Al Azi-ziyah (Libyen)

(d) *Tiefste je gemessene Temperatur der Welt:* –91,5 °C in Wostok (Antarktis)

(e) *Höchste gemessene Temperatur der Meeresoberfläche:* 35,6 °C am Persischen Golf

(f) *Regen-Weltrekord in einem Monat:* 9 300 mm, *Regen-Weltrekord in zwölf Monaten:* 26 461 mm in Cherrapunji (Indien)

(g) *Längste jährliche Sonnenscheindauer:* 4 300 Stunden in der libyschen Sahara

32.1 Karte der „Weltrekorde"

	Jan	Feb	Mär	Apr	Mai	Jun	Jul	Aug	Sep	Okt	Nov	Dez
Temperatur (°C)	11,6	12,9	16,3	18,2	19,3	20,1	20,2	20,5	20,4	19,1	16,0	12,9
Niederschlag (mm)	20	44	247	720	1304	2616	2541	1778	1137	427	60	13

32.2 *Klimatabelle für Cherrapunji (Tscherrapundschi)*

(n) *Höchste am Boden gemessene Windgeschwindigkeit:* 416 km/h am 12. April 1934, am Mt. Washington in New Hampshire (USA)

(m) 14 aufeinanderfolgende Jahre ohne Regen: in Iquique (Chile)

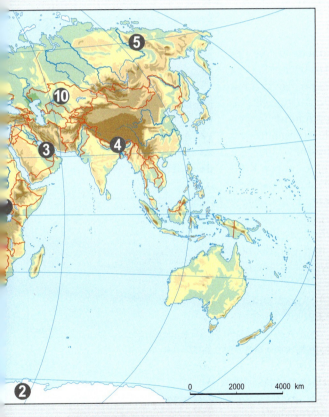

(l) *Schwerstes Hagelkorn der Welt:* 1,9 kg in Kasachstan

(k) *Schneefallrekord in einer Saison:* 25,4 m (1955/56) an der Paradise Ranger Station, Washington (USA)

(j) 242 Tage mit Gewitter im Jahresdurchschnitt in Kampala (Uganda)

(i) 120 Tage Nebel im Jahresdurchschnitt in Grand Banks (Neufundland)

(h) *Größter Unterschied zwischen höchster und tiefster je gemessener Temperatur:* 106,7 °C in Werchojansk (Russland)

AUFGABEN >>

1. Ordne die Orte der Wetterrekorde den jeweiligen Punkten (1–14) auf der Karte 32.1 zu. Begründe für die Orte b), c), j) und n), warum genau dort solche Wetterextreme möglich sind.
2. Erstelle zu Abb. 32.2 ein vollständiges Klimadiagramm und werte dieses aus.
3. Suche im Internet weitere Wetterrekorde. Trage diese in „deine" Karte mit den Weltrekorden des Wetters ein.

34.1 Iglu auf Grönland

34.2 Hütte in Indien

34.3 Haus in Deutschland

Die Kulturerdteile

Das gewohnte Bild einer Weltkarte zeigt uns die sieben Kontinente, die aufgrund ihrer Form gut voneinander abzugrenzen sind (Ausnahme: Europa und Asien). Diese Einteilung ist aber oft nicht hilfreich, wenn man sich mit den dort ansässigen Menschen und ihrer Lebensweise beschäftigen will.
Gemeinsamkeiten und Unterschiede der verschiedenen Räume hängen nicht von den Grenzen der Kontinente ab. Dort, wo die Kontinente eng beieinander liegen oder sogar miteinander verbunden sind, haben die Menschen auch über die Kontinentgrenzen hinweg immer engen Kontakt miteinander gehabt. Andererseits wurden sie oft auch innerhalb eines Kontinents durch natürliche Hindernisse wie Wüsten oder Gebirge voneinander getrennt.
Nimmt man also die Kultur als verbindendes Merkmal, so ergeben sich andere Erdteile, die sogenannten **Kulturerdteile** (siehe Karte auf der hinteren Umschlagseite im Buch). Insgesamt werden zehn verschiedene Kulturerdteile unterschieden.
Ihre Grenzen sind oft fließend und können sich langfristig verändern, weil sie von Wanderungsbewegungen einzelner Völker und der Ausbreitung verschiedener Techniken beeinflusst sind.
Zur Abgrenzung der Kulturerdteile voneinander untersucht man sie im Hinblick auf unterschiedliche Merkmale:
• die dort lebenden Menschen mit ihren äußerlichen Kennzeichen (z. B. Hautfarbe)
• die Prägung der Lebensweise durch eine Religion und ihre Vorschriften
• die typische Architektur und die überwiegend verwendeten Baustoffe
• die gemeinsame Geschichte und die entstandenen Gesellschaftsformen
• die kulturellen Errungenschaften wie Schrift, Sprache und Erfindungen
• die Kunst, das Brauchtum, die Kleidung
• die Einheitlichkeit des Naturraumes
In den vergangenen Jahren ist es jedoch mehr und mehr zu einer Vermischung der Lebensweisen gekommen. Geschäftsleute auf der ganzen Welt tragen heute westliche Kleidung. Überall auf der Erde hört man Musik, die von Schwarzen geprägt wurde (z. B. Blues, Rap, HipHop) und in fast jedem Land kennt man Hamburger und Pommes Frites. Die Welt wächst immer mehr zusammen, die Eigenständigkeit der einzelnen Kulturen nimmt ab.

34.4 Lehmhäuser in Ägypten

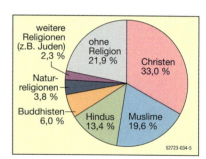
34.5 Anteil der Religionsgruppen auf der Erde

AUFGABEN >>

1. Nenne die Merkmale, nach denen die Kulturerdteile voneinander abgegrenzt werden.
2. Auf welchen Kontinenten gibt es mehrere Kulturerdteile?
3. Vergleicht in Gruppen die unterschiedlichen Kulturerdteile und stellt sie euch gegenseitig vor.
4. Welcher Kontinent ist scheinbar nicht in das System der Kulturerdteile einbezogen? Warum?

Der russische Kulturerdteil
Lage: Russland und weitere 14 Staaten der ehemaligen Sowjetunion
Religion: vorwiegend Christentum (v. a. Orthodoxe), z. T. westliche Ideologien
Bevölkerung: Weiße, mehr als 100 verschiedene Nationen, Völker und Stämme, mäßiges Bevölkerungswachstum, z. T. Bevölkerungsrückgang
Schrift: Kyrillisch
Sprache: überwiegend Russisch

Der orientalische Kulturerdteil
Lage: Raum zwischen Atlantik und Hindukusch-Gebirge, zwischen Schwarzem Meer und Zentralsahara, einschließlich der Halbinsel Arabien
Religion: „Islamischer Kulturerdteil" (mehr als 90 % Muslime, einige Minderheiten, z. B. Christen)
Bevölkerung: Weiße, starkes Bevölkerungswachstum, Leben in Gunsträumen der Küsten sowie entlang großer Ströme
Schrift: Arabisch, etwas Lateinisch
Sprache: Arabisch

Der schwarzafrikanische Kulturerdteil
Lage: Afrika südlich der Sahara
Religion: alte Stammes- bzw. Naturreligionen, z. T. Christentum und Islam
Bevölkerung: Schwarze, etwa 2 000 Stämme oder Stammesgruppen, Vielvölkerstaaten, sehr starkes Bevölkerungswachstum
Schrift: Lateinisch
Sprache: fast 1 000 Verkehrssprachen (Bantu-, Sudansprachen u. a.), Englisch, Französisch

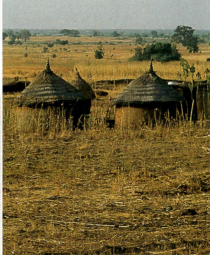

Der ostasiatische Kulturerdteil
Lage: China, Mongolei, Japan, Nord- und Südkorea
Religion: vorwiegend Buddhismus, Konfuzianismus und Taoismus, einige Naturreligionen
Bevölkerung: bevölkerungsreichster Kulturerdteil, überwiegend Gelbe, deutliches Bevölkerungswachstum
Schrift: überwiegend Chinesisch, Japanisch, etwas Koreanisch
Sprache: Vgl. Schrift

Der südasiatische Kulturerdteil
Lage: Indien, Pakistan, Nepal, Bhutan, Bangladesch
Religion: Hinduismus, z. T. Islam, wenige Christen
Bevölkerung: menschenreicher Kulturerdteil aus dunkelhäutiger und eingewanderter hellhäutiger Bevölkerung, sehr starkes Bevölkerungswachstum
Schrift: Indisch, z. T. Arabisch, Latein
Sprache: vorwiegend Indisch, Englisch

Der südostasiatische Kulturerdteil
Lage: Hinterindien und Inselstaaten zwischen Asien und Australien
Religion: Islam, z. T. Buddhismus, Katholizismus
Bevölkerung: Mongolide (Gelbe) in einer Vielfalt von Rassen, starkes Bevölkerungswachstum
Schrift: Hinterindisch, Indonesisch, Lateinisch
Sprache: große Vielfalt

Der australische Kulturerdteil
Lage: Australien, Neuseeland, Ozeanien
Religion: Christentum (vorwiegend Protestanten), Naturreligionen
Bevölkerung: vorwiegend Weiße, z.T. Aborigines, Maori, Melanesier, Polynesier, deutliches Bevölkerungswachstum
Schrift: Lateinisch
Sprache: Englisch

Der europäische Kulturerdteil
Lage: westlichster Teil der europäischen Landmasse bis Polen, Rumänien und Bulgarien
Religion: vorwiegend Christentum (insbesondere Katholiken und Protestanten)
Bevölkerung: überwiegend Weiße, seit der Antike durch Völkerwanderungen und Vertreibungen stark durchmischt, geringes Bevölkerungswachstum
Schrift: Lateinisch, etwas Kyrillisch
Sprache: Germanisch, Romanisch, etwas Slawisch (z.B. Polnisch)

Der angloamerikanische Kulturerdteil
Lage: USA, Kanada
Religion: 80 % Christen (vorwiegend Protestanten), Juden, Moslems
Bevölkerung: 75 % Weiße, 25 % Afroamerikaner, Asiaten und andere (Entwicklung zur multikulturellen Gesellschaft), deutliches Bevölkerungswachstum
Schrift: Lateinisch
Sprache: vorwiegend Englisch, in Kanada auch Französisch

Der lateinamerikanische Kulturerdteil
Lage: Mittel- und Südamerika, einschließlich karibischer Raum
Religion: „Katholischer Kulturerdteil" (90 % Christen, davon 80 % Katholiken), Naturreligionen
Bevölkerung: Indianer, Schwarzafrikaner, Europäer und Asiaten, starkes Bevölkerungswachstum
Schrift: Lateinisch
Sprache: vorwiegend Spanisch, in Brasilien Portugiesisch, z. T. Indianisch

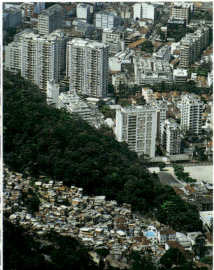

3 Schwarzafrika

In der Trockensavanne

In der Feuchtsavanne

Im tropischen Regenwald

Niger: Sammeln von Feuerholz

In Lagos, der größten Stadt Nigerias

Schüler in Südafrika

Schwarzafrika im Überblick

Der gesamte Kontinent Afrika ist fast dreimal so groß wie Europa. Es verwundert daher kaum, dass dieser Erdteil so unterschiedlich ist.
Die Sahara teilt die Landmasse in zwei Hälften. Südlich der größten Wüste der Welt ist die Mehrzahl der Menschen dunkelhäutig, man bezeichnet sie auch als Schwarzafrikaner und den Kulturraum als *Schwarzafrika*. Nördlich der Sahara leben Menschen mit hellerer Haut. Dieses Gebiet ordnet man dem Orient zu.

Wir begleiten den Buschpiloten John bei seinem Flug quer durch die schwarzafrikanische Landschaft (Abb. 41.1). Mit seinem Flugzeug starten wir in Boma an der Westküste. Unsere Flugroute folgt dem Kongo flussaufwärts. Ich bin schwer beeindruckt, als ich aus dem Fenster nach unten blicke. Tosend und brausend stürzt das Wasser des Kongo beim Durchbruch durch die Niederguineaschwelle in mehreren kilometerlangen Wasserfällen zu Tal. Dabei überwinden die Livingstonefälle einen Höhenunterschied von 274 Metern. Kein Schiff kann dieses Gefälle bis heute überwinden.

Weiter nach Osten kommend, überfliegen wir die Stadt Kinshasa, in der heute über acht Millionen Menschen leben. Die Häuser und Hütten wollen gar kein Ende mehr nehmen. Insgesamt umfasst die Stadtfläche fast die Fläche von ganz Niederbayern!

Beim Weiterflug wird die Landschaft immer flacher, denn wir sind nun in dem rund 300 Meter über dem Meeresspiegel liegenden Kongobecken. Mich wundert nicht, dass der Name Kongo auf Bantu „großer Fluss" bedeutet – schließlich ist der wasserreichste Strom Afrikas an einigen Stellen bis zu 55 km breit! Entlang des Flusslaufs breitet sich der tropische Regenwald aus. Es sind hier keine Straßen zu erkennen, nur Trampelpfade schlängeln sich durch das unwegsame Gelände. Trotzdem leben hier Menschen.

Nach einem Flug von über 1 500 km über den Regenwald beginnt unsere Propellermaschine wieder zu steigen. Wir erreichen die Zentralafrikanische Schwelle mit dem Ruwenzori-Gebirge, das bis zu 5 100 Meter hoch ist. Hier, in diesem Gebiet gibt es einen Riss zwischen den Erdplatten. Dadurch hat sich in Jahrmillionen der Ostafrikanische Graben gebildet. Jahr für Jahr entfernt sich die Ostafrika-Platte um etwa zwei Zentimeter vom übrigen Kontinent, sodass der Graben immer breiter wird.

40.2 *Kilimandscharo*

Auf rund 1 100 Meter Höhe, noch ein Stück weiter im Osten, queren wir den Viktoriasee, den größten See Afrikas. Unglaublich, dieser Süßwassersee ist fast so groß wie Bayern und in ihm leben mehr Süßwasserfischsorten als in ganz Europa zusammen.

In weiter Ferne, hoch über uns auf rund 5 895 Metern, kann ich die vergletscherte Spitze des Kilimandscharo sehen. Es ist ein riesiger, derzeit nicht aktiver Vulkan. Zum letzten Mal brach er vor 300 Jahren aus. Schon überraschend, dass nur 330 Kilometer südlich des Äquators, in tropisch-heißem Gebiet, Schnee liegt!

Nun geht es steil bis auf das Meeresniveau hinab; bei so vielen Höhenmetern Unterschied bekomme ich einen ganz schönen Druck auf den Ohren zu spüren. Schließlich landen wir in Mombasa am Indischen Ozean und unser Flug ist nach über 3 000 Kilometern zu Ende.

40.1 *Stromschnellen am Rande der Livingstonefälle*

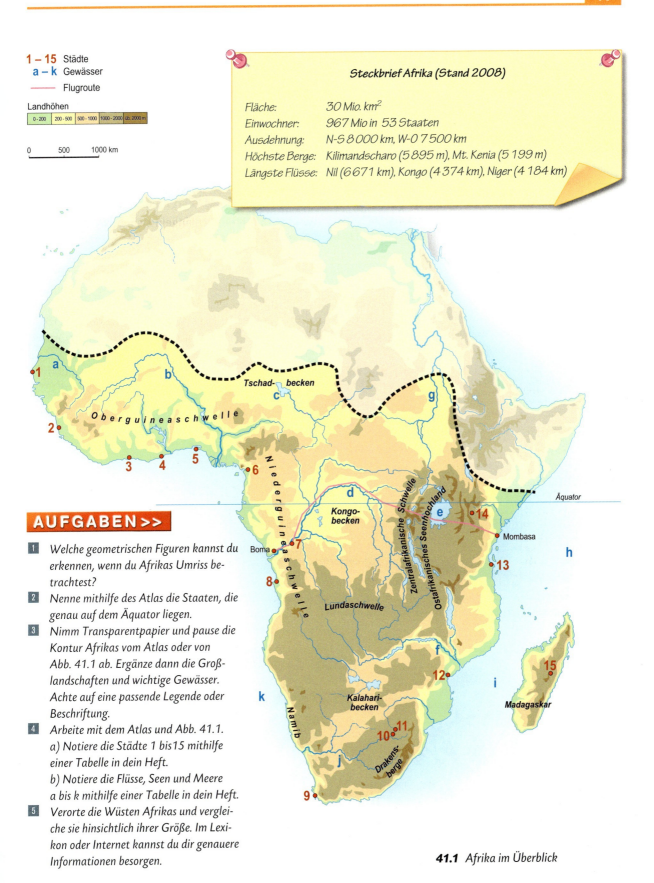

Steckbrief Afrika (Stand 2008)

Fläche: 30 Mio. km²
Einwohner: 967 Mio in 53 Staaten
Ausdehnung: N-S 8 000 km, W-O 7 500 km
Höchste Berge: Kilimandscharo (5 895 m), Mt. Kenia (5 199 m)
Längste Flüsse: Nil (6 671 km), Kongo (4 374 km), Niger (4 184 km)

1 – 15 Städte
a – k Gewässer
— Flugroute

Landhöhen: 0–200, 200–500, 500–1000, 1000–2000, üb. 2000 m

AUFGABEN >>

1. Welche geometrischen Figuren kannst du erkennen, wenn du Afrikas Umriss betrachtest?
2. Nenne mithilfe des Atlas die Staaten, die genau auf dem Äquator liegen.
3. Nimm Transparentpapier und pause die Kontur Afrikas vom Atlas oder von Abb. 41.1 ab. Ergänze dann die Großlandschaften und wichtige Gewässer. Achte auf eine passende Legende oder Beschriftung.
4. Arbeite mit dem Atlas und Abb. 41.1.
   a) Notiere die Städte 1 bis 15 mithilfe einer Tabelle in dein Heft.
   b) Notiere die Flüsse, Seen und Meere a bis k mithilfe einer Tabelle in dein Heft.
5. Verorte die Wüsten Afrikas und vergleiche sie hinsichtlich ihrer Größe. Im Lexikon oder Internet kannst du dir genauere Informationen besorgen.

41.1 Afrika im Überblick

Die Klima- und Vegetationszonen Afrikas und deren Nutzung

Klima- und Vegetationszonen

Blickt man vom Weltall auf den Kontinent Afrika (> S. 38/39), so fällt einem sofort eine farbliche Dreiteilung auf: Um den Äquator findet man die dunkelgrünen Flächen des tropischen Regenwaldes, gefolgt von hellgrünen Savannen in Richtung Norden und Süden; daran schließen sich hellbraune bis gelbe Wüsten vor allem im Norden und in geringerem Ausmaß auch im Süden an. Gebiete, in denen das Klima und folglich die Temperaturen und die Niederschläge ähnlich sind, zeichnen sich auch durch gleichartige Pflanzen und Tiere aus. Solche Gebiete werden zu Vegetationszonen zusammengefasst, in denen auch jeweils unterschiedliche Kulturpflanzen gedeihen. Der Unterschied zwischen üppigem Pflanzenwachstum und lebensfeindlicher Wüste hängt vor allem von der Verfügbarkeit von Wasser ab.

Natürlich kann man solche Zonen nicht mit dem Lineal abgrenzen. Die Grenzen sind vielmehr fließend und die Anbauflächen der typischen Früchte reichen oft weit in die nächste Zone hinein.

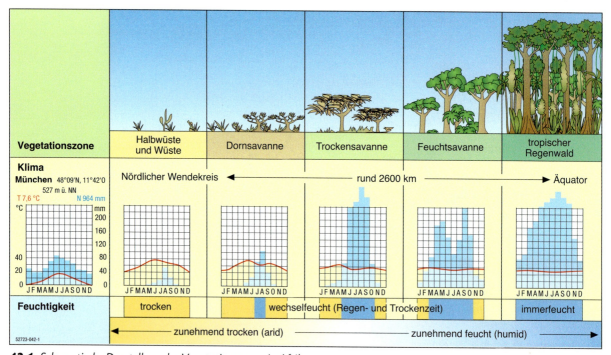

42.1 *Schematische Darstellung der Vegetationszonen in Afrika*

42.2 *Kulturpflanzen in Afrika*

Wirtschaftsformen in Afrika

Die Landwirtschaft Afrikas ist heute durch unterschiedliche Wirtschaftsformen geprägt. Jahrhundertelang diente sie fast ausschließlich der Selbstversorgung. Produziert man gerade so viel, wie man selbst zum Leben braucht, so bezeichnet man dies als **Subsistenzwirtschaft**. Einen Gegensatz stellt die **Plantagenwirtschaft** dar. Sie existiert in Afrika seit dem 19. Jahrhundert und ist überwiegend auf den Export von Anbaufrüchten für den Weltmarkt spezialisiert.

Befragt man Einwohner Afrikas, so stellt man fest, dass es dort sehr unterschiedliche traditionelle Anbauweisen gibt:

Pflanzungen, Plantagenwirtschaft

Speziell für den Export werden große landwirtschaftlich genutzte Flächen, z.B. für Kakao oder Kaffee angelegt. Bezeichnend ist für diese Wirtschaftsform, dass nur eine Pflanzenart kultiviert wird (Monokultur). Erfolgt die Verarbeitung der Produkte gleich vor Ort, spricht man von Plantagen. Die Produktion wird nahezu ausschließlich von den Abnehmern im Ausland bestimmt.

Wanderviehzucht, Nomaden:

„Seit jeher leben wir Nomaden als Wanderviehzüchter. Immer auf der Suche nach neuen Weideplätzen und ohne festen Wohnsitz treiben wir unsere Herden durch die Savannen. Problematisch wurde es vor Jahren, als der Regen fast ausblieb, denn so standen uns nur wenige Weideplätze zur Verfügung. Werden diese sehr stark genutzt, kann wertvolles Weideland für immer vernichtet sein."

Hackbau, meist in Verbindung mit Brandrodung:

„Schon immer roden wir vom Stamm der Bantus den Regenwald durch Abbrennen. So entstehen fruchtbare Ackerflächen. Allerdings sind diese Böden nur für kurze Zeit ergiebig. Daher müssen immer neue Flächen erschlossen werden. Mit Hacke und Grabstock wandern wir durch den Regenwald. Unsere Hauptnahrungsmittel sind Mais, Maniok, Bataten, Mehlbananen und Auberginen."

Pflugbau, zum Teil mit Bewässerungsfeldbau:

„Bei uns hier in Nordafrika ist der Pflugbau eine weitverbreitete Anbaumethode. Allerdings sind unsere Pflanzungen immer wieder von Trockenheit gefährdet. Vor allem in den subtropischen Bereichen und in den Oasen lassen sich mit der Bewässerung gute Erträge erreichen."

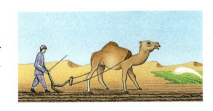

Jagd- und Sammelwirtschaft:

„Mein Volk, das der Pygmäen, lebt im tropischen Regenwald. Die Frauen sammeln Früchte und Wurzeln, die Männer jagen wilde Tiere. Somit benötigen wir ein großes Territorium, um uns ausreichend ernähren zu können. Aber leider wird in der letzten Zeit unser Lebensraum durch andere Wirtschaftsformen bedrohlich eingeschränkt."

AUFGABEN >>

1. Erkläre, wovon es abhängt, welche Kulturpflanzen in den einzelnen Vegetationszonen gedeihen.
2. Nenne jeweils zwei Länder Afrikas, die in den unterschiedlichen Vegetationszonen liegen (Atlas).
3. Finde Informationen und erstelle einen Steckbrief zu den Anbaufrüchten „Maniok" und „Batate" (Internet, Lexikon).
4. Diskutiert in der Gruppe die Probleme, die durch die einzelnen Wirtschaftsformen für die Vegetationszonen entstehen. Notiert sie und fertigt anschließend eine Tabelle an.

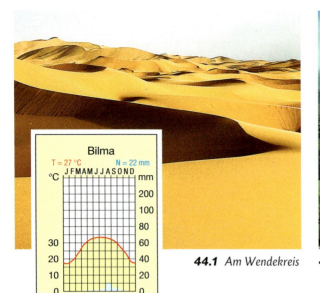

44.1 Am Wendekreis

44.2 Am Äquator

Der Passatkreislauf

Warum ist es rund um den Äquator so üppig grün (Abb. 44.2) – während sich im Norden Afrikas nur Wüsten befinden (Abb. 44.1)? Um das zu erklären, muss man sich die Sonneneinstrahlung genauer anschauen:
Am Äquator trifft die Strahlung senkrecht auf die Erde und erwärmt dort die Luft sehr stark. Diese dehnt sich aus, wird leichter und steigt auf. Dadurch wird der Luftdruck am Boden geringer und es entsteht ein Tiefdruckgebiet (>S. 17). Auch das in den Pflanzen und Gewässern enthaltene Wasser erwärmt sich und verdunstet. Beim Aufsteigen kühlt die Luft sowie die darin enthaltene Feuchtigkeit wieder ab. Dadurch kondensiert der Wasserdampf. Es bilden sich Tröpfchen und schließlich Wolken. So kommt es zu heftigen Gewittern, wobei das Wasser in Form von Starkregen (Zenitalregen) wieder zu Boden fällt.
Die Luft dagegen steigt in höhere Schichten auf, sodass sich ein bodenfernes Hochdruckgebiet bildet. Nachströmende Luftmassen verdrängen die aufsteigende Luft, die in etwa 10 bis 15 Kilometern Höhe seitlich ausweicht. Nach etwa 2500 Kilometern sinken die Luftmassen im Gebiet der Wendekreise (23,5° nördliche bzw. südliche Breite) wieder zu Boden. Dabei erwärmen sie sich, sodass sich die Wolken wieder auflösen. Am Boden entstehen durch diesen „Luftüberschuss" Hochdruckgebiete. Um den „Luftmangel" am Äquator auszugleichen, strömen die Luftmassen dorthin zurück. Diese Strömung wird **Passatwind** genannt (Abb. 45.1). Durch die Erdrotation wird der Wind allerdings zu einem Nordost- bzw. Südostpassat abgelenkt.

Heiß und gnadenlos brennt die Sonne auf unser Schiff herab und wir können nichts tun, um dieser Hölle zu entkommen. Seit drei Wochen sitzen wir hier mitten im Atlantik fest. Kein Lufthauch ist zu spüren. Die Segel hängen schlaff herunter. Unser Wasservorrat geht langsam zur Neige.
Vor drei Tagen haben wir das letzte Pferd geschlachtet und die Überreste über Bord geworfen. Eigentlich wollte der Kapitän die Wilden in Südamerika beeindrucken, indem er auf Pferden einreiten wollte. Aber jetzt ist auch das letzte Pferd den Rossbreiten zum Opfer gefallen.
Wenn nicht bald Wind aufkommt, gibt es Ärger. Denn die Mannschaft wird schon unruhig …

44.3 Bericht eines Matrosen im Jahr 1537

Info
Rossbreiten: Nahezu windstiller Bereich zwischen dem 25° und 35° Breitengrad; benannt nach dem Begriff „Ross", da die Pferde bei Wassermangel zuerst über Bord geworfen wurden.
Passat: ständig wehender Wind von den Wendekreisen zum Äquator, benannt nach dem portugiesischen „passar" = vorbeiziehen, -gehen.

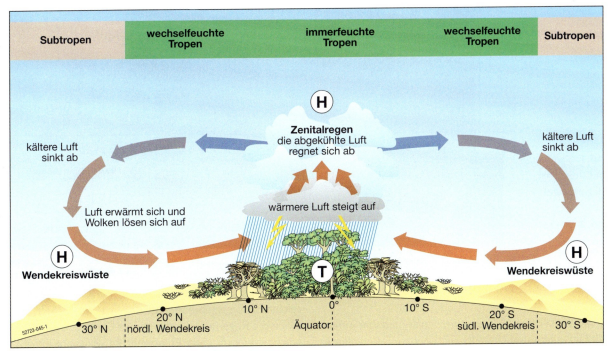

45.1 Der Passatkreislauf

Regenzeit auf Wanderschaft

Der Passatkreislauf erklärt, warum die inneren Tropen rund um den Äquator immerfeucht, die äußeren Tropen dagegen eher niederschlagsarm sind. Denn die äußeren Tropen sind geprägt von einem Wechsel zwischen Regen- und Trockenzeiten.

Der **Zenitstand** der Sonne, also die senkrechte Einstrahlung, wandert im Laufe des Jahres zwischen den beiden Wendekreisen hin und her. Verantwortlich dafür sind die Schrägstellung der Erdachse sowie die Erdrevolution (> S. 24/25). Mit dem Zenitstand der Sonne pendelt der gesamte Passatkreislauf, so auch die Zenitalregenzone (Abb. 45.2). Die ergiebigsten Niederschläge setzen jedoch erst jeweils vier bis sechs Wochen nach dem Zenitstand ein, weil die Erwärmung der Luft und die damit verbundene Verdunstung Zeit braucht.

An den Wendekreisen regnet es deshalb aufgrund der Kürze des Zenitstandes praktisch nie, während am Äquator täglich Mittagsregen (> S. 47) fällt – der im Frühling und Herbst nur noch verstärkt wird.

AUFGABEN >>

1. Beschreibe stichpunktartig den Passatkreislauf.
2. Werte die Klimadiagramme auf S. 44 aus und stelle einen Zusammenhang mit dem Passatkreislauf her (Abb. 45.1).
3. Erkläre die Ursachen der unterschiedlichen Vegetationszonen innerhalb der Tropen (> S. 12/13).
4. Erkläre die Unterscheidung wechselfeuchte/immerfeuchte Tropen.
5. Kläre mithilfe des Atlas, wann es in Dakar, in Nairobi und in Antananarivo bevorzugt regnet.

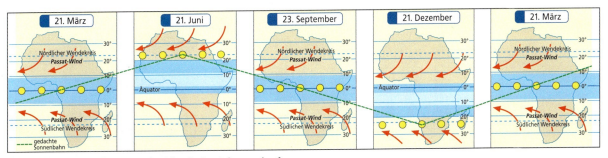

45.2 Verlagerung des Passatkreislaufes im Jahresverlauf

46.1 Verbreitung des tropischen Regenwaldes

46.2 Im tropischen Regenwald

Der tropische Regenwald

„Am 15. November 1876 erreichten Stanley und seine Männer die Mauer des Kongo-Urwaldes. Eine lähmende Stille umfing sie. Es ging nur langsam vorwärts. Tau tropfte von den wirren Bündeln armdicker Schlingpflanzen und aus den unsichtbaren Kronen der Bäume herab. Jedes Blatt schien Tränen zu vergießen. In der erstickenden Luft brach der Schweiß aus allen Poren. Dampf stieg aus der Erde. Wie eine graue Wolkenschicht schwebte er zwischen den Stämmen über den Köpfen der dahinschleichenden Karawane. Nachts erfüllten Halbaffen die öden Baumhallen mit ihrem Geschrei. Tagsüber sah man bis zu 15 cm lange Tausendfüßler sowie Millionenheere von Ameisen und Käfern über die Pfade kriechen ..."

(Aus: Heinrich Schiffers, Wilder Erdteil Afrika, Frankfurt 1962)

Am Äquator hat sich im feuchtwarmen Klima die artenreichste Lebensgemeinschaft der Erde entwickelt: der tropische Regenwald. Auf wenigen Quadratkilometern wachsen hier oft mehr Pflanzenarten als in ganz Europa. Man kann sich den Regenwald wie ein Gebäude mit mehreren Stockwerken vorstellen (Abb. 46.3):
- Im Untergeschoss ist es nahezu dunkel. Hier wachsen nur Pflanzen, die mit wenig Licht auskommen. Die Luft ist feucht, stickig und schwül.
- Das Zwischengeschoss bilden 20 bis 40 m hohe Pflanzen. Hier wächst ein Großteil der Regenwaldpflanzen und hier leben die meisten Tiere.
- Das geschlossene Blätterdach in dem sonnigen Obergeschoss wird von einzelnen Baumriesen überragt. Diese werden bis zu 70 m hoch.

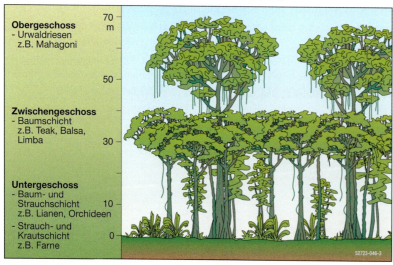

46.3 Stockwerkbau des tropischen Regenwaldes

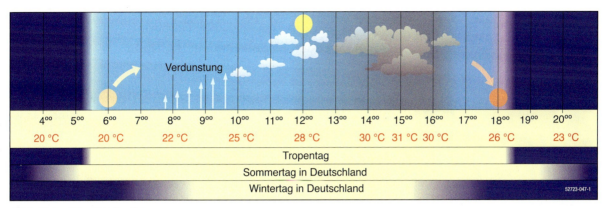

47.1 Tagesablauf in den Tropen

Ein Tag in den Tropen

Nach einer kurzen Dämmerung geht gegen 6 Uhr morgens die Sonne auf und die Temperatur liegt bereits bei etwa 20 °C. Im Verlauf des Vormittags verdunstet aufgrund der zunehmenden Hitze immer mehr Feuchtigkeit und es bilden sich erste Wolken. Um die Mittagszeit wird die Schwüle unerträglich. Dann brennt die Sonne senkrecht vom Himmel und die Temperatur steigt auf über 30 °C. In den nächsten Stunden bedecken immer mächtigere Wolken den gesamten Himmel. Gegen 15 Uhr verdunkelt sich schließlich der Himmel und ein Unwetter bricht los. Sintflutartiger Regen setzt ein. Blitze erhellen den Tag und Donner grollt über die Landschaft.
Innerhalb kürzester Zeit verwandeln sich die Wege in Schlammbahnen und die Flüsse treten über die Ufer. Nach etwa zwei Stunden löst sich das Gewitter auf und der Regen lässt allmählich nach. Die Temperatur sinkt wieder auf 28 °C ab. Dichte Nebelschwaden steigen empor. Alles trieft vor Nässe. Bis zum Sonnenuntergang gegen 18 Uhr bleibt es diesig. Nach einer kurzen Dämmerung beginnt dann die zwölfstündige Tropennacht (Abb. 47.1).

Überfluss durch Mangel

Wissenschaftler glauben, dass sich die Vielfalt der Pflanzen vor allem durch den Mangel an Nährstoffen in den Böden gebildet hat. So mussten sich die Pflanzen verschiedene Überlebensstrategien aneignen. Abgestorbene Pflanzen und Tiere werden zersetzt. Die entstehenden Pflanzennährstoffe werden in einer nur sehr dünnen Humusschicht gespeichert. Vom dichten Wurzelwerk der Bäume und von speziellen Pilzen werden diese lebenswichtigen Stoffe sofort wieder aufgenommen, damit sie nicht durch die starken Niederschläge in tiefe unerreichbare Bodenschichten gespült werden (Abb. 47.2).

AUFGABEN >>

1. Suche im Atlas fünf afrikanische Länder, die Anteil am tropischen Regenwald haben.
2. Erstelle eine Tabelle zum Stockwerkbau des Regenwaldes (Bezeichnung, Höhe, Pflanzen, Tiere).
3. Wie verändert sich das Wetter im Tagesverlauf (Abb. 47.1)?
4. Beschreibe den Nährstoffkreislauf in den Tropen. Wie verändert er sich nach der Rodung (Abb. 47.2)?

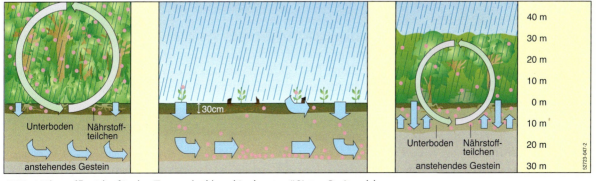

47.2 Nährstoffkreislauf in den Tropen (a, b) und in den gemäßigten Breiten (c)

Landnutzung in den Tropen

Pygmäen: Leben im Einklang mit der Natur

Ich heiße Ekoto und bin 13 Jahre alt. Meine Familie gehört zu den Pygmäen. Wir gelten als die frühesten Einwohner Zentralafrikas. Mein Vater ist mit 1,55 m der größte Mann unseres Dorfes. Wir leben mitten im Regenwald und beanspruchen ein Gebiet, in dem wir jagen und sammeln. Es ist gerade groß genug, um unsere Sippe – die aus 21 Erwachsenen und 55 Kindern besteht – zu ernähren. Ständig ziehen wir zwischen unseren Jagdlagern hin und her, um genügend Nahrung zu finden. Unsere Lager bestehen aus kleinen Rundhütten aus Holzstämmen. Sie lassen sich rasch aufbauen.

Die Nahrungsbeschaffung nimmt allerdings nur ein paar Stunden am Tag in Anspruch. Ansonsten habe ich viele Freiheiten. Ich durfte schon als Kleinkind bei allen Aktivitäten mitmachen. Wir verbringen viel Zeit mit verschiedenen Spielen und Tänzen. Außerdem stellen wir einfache Gegenstände aus Holz, Leder oder Pflanzen her, die wir für das tägliche Leben brauchen. Manchmal tauschen wir diese Gegenstände sowie gejagte Tiere oder gesammelte Früchte gegen Hirse oder Kleidung ein. Unser Hauptdorf liegt nämlich in der Nähe einer Bantu-Siedlung.

48.1 Ekotos Vater

48.2 Kajuma bei der Feldarbeit

48.3 Wanderfeldbau

Bantu: Wandern, um zu überleben

Mein Name ist Kajuma und ich bin ein dreizehnjähriges Mädchen aus Gabun. Ich gehöre zum Volk der Bantu. In diesem Jahr haben wir unser Dorf wieder verlagern müssen, weil der Boden bereits vom Ackerbau ausgelaugt war. Zuerst haben die Männer die kleineren Bäume und Sträucher abgeschlagen und sie dann angezündet. Man nennt dies **Brandrodung**. Tagelang war eine riesige Rauchsäule zu sehen, das Atmen fiel oft schwer. Wir Frauen waren dann für das Verteilen der Asche und die Aussaat der Pflanzen zuständig. Mit Grabstöcken und Hacken wurde der Boden aufgelockert und Maniok, Hirse, Mais, Erdnüsse, Mehlbananen oder Tomaten gepflanzt. Wenn genügend Regen fällt, gibt es nach vier Monaten eine gute Ernte.

Während die Frauen sich um die Felder kümmern, sind die Männer für die Jagd und das Vieh zuständig. Unsere Familie besitzt 35 Rinder, sie gehört daher zu den angesehenen. Wir leben in einer großen Rundhütte, die mit Stroh bedeckt ist. Der Bruder meines Vaters ist der Anführer unseres Stammes und trifft die Entscheidungen. Er bestimmt auch, welche Flächen gerodet werden und wann wir weiterwandern, um neue fruchtbare Äcker zu bestellen.

AUFGABEN >>

1. Beschreibe die Lebensweise der Pygmäen und der Bantu.
2. Erkläre den Begriff Brandrodung.
3. Beschreibe anhand Abb. 48.3 den Wanderfeldbau.

Afrikanischer Kakao für die ganze Welt

Ursprünglich stammt der Kakao aus Mittelamerika. Doch als im 19. Jahrhundert in Europa die Mode aufkam, Kakao zu trinken, wurde der Baum auch in den afrikanischen Kolonien angesiedelt. Die Kakaobohnen sind nicht essbar. Viele Bauern mussten daher erst zum Anbau gezwungen werden. Statt der wichtigen Grundnahrungsmittel (**food crops**) wurden nun vermehrt Kakaobäume gepflanzt. Die Ernte ist fast ausschließlich für den Export bestimmt. Kakao gehört deshalb zu den **cash crops**. Die Weiterverarbeitung des Rohkakaos (z. B. zu Schokolade) erfolgt in den Industrieländern. Mit den Einnahmen werden meist Güter wie Autos und Maschinen erworben, die im eigenen Land nicht hergestellt werden.

Viele afrikanische Staaten sind von den extrem schwankenden Preisen der cash crops abhängig. Sinkt der Preis, fehlt das Geld für den Kauf wichtiger Maschinen oder anderer Importwaren. Oft müssen auch Nahrungsmittel für die Bevölkerung im Ausland eingekauft werden. Um diese Bedürfnisse zu stillen, bleibt dann als einzige Möglichkeit, Kredite im Ausland aufzunehmen. Dadurch steigt allerdings die Verschuldung weiter an und so fehlt das Geld für neue Investitionen.

Ein weiterer negativer Aspekt sind die schlechten Arbeitsbedingungen beim Kakaoanbau: Fehlende soziale Absicherung, Hungerlöhne, gesundheitliche Probleme und Kinderarbeit sind an der Tagesordnung.

49.1 Kakaobohnen und Kakaoernte

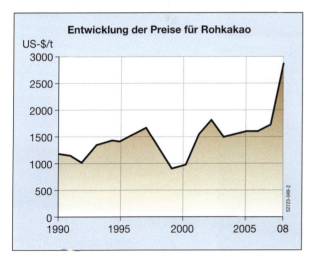

49.2 Entwicklung der Kakaopreise

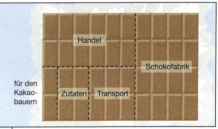

49.3 Verteilung des Verkaufserlöses

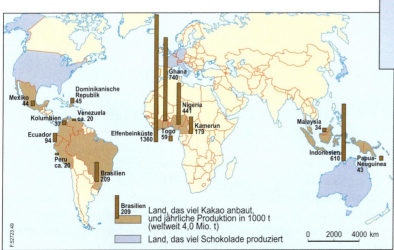

49.4 Wichtige Kakaoanbauländer

AUFGABEN >>

1. Erkläre den Unterschied zwischen food crops und cash crops.
2. Welche Probleme entstehen oft beim Anbau von cash crops?
3. Erläutere, wer am meisten vom Kakaohandel profitiert (Abb. 49.3).
4. Informiere dich im Internet über das TransFair-Siegel.

Tropischer Regenwald – weltweit in Gefahr

50.1 und 2 Regenwald 1973 und 2003 (Grenze Paraguay/Brasilien)

Landlose Bauern brennen Regenwald nieder

Brasilien 20 Kilometer westlich von Iguaçu haben landlose Bauern illegal 25 ha Regenwald gerodet, um Felder anzulegen. Sie seien dazu gezwungen gewesen, um ihr Überleben zu sichern, berichteten sie unserem Reporter. Ein Rodungsverbot hilft daher wenig, vielmehr muss die wirtschaftliche Situation der dort lebenden Menschen verbessert werden ...

Umweltfreundlicher Kraftstoff?

Malaysia Die malaysische Regierung fördert den Anbau von Biokraftstoffen, um vom Erdöl unabhängiger zu werden. Für Plantagen zur Palmölgewinnung werden große Flächen des Regenwaldes gerodet. Da der Boden aber in kürzester Zeit ausgelaugt ist, müsste gezielt gedüngt werden, um weitere Rodungen zu verhindern ...

Tropenholz wieder im Trend

Tansania Durch die steigende Nachfrage werden immer mehr Bäume für die Möbelproduktion geschlagen. Vor allem Mahagoni und Teak sind für Gartenmöbel beliebt, da diese Hölzer langsam verwittern. Der Bedarf kann nicht mehr durch die genehmigten Rodungen gedeckt werden. So kommt es vermehrt zu illegalem Holzeinschlag. Umweltorganisationen verlangen, dass die Holzhändler auf ein FSC-Siegel achten sollen, was einen umweltverträglichen Abbau garantiert ...

AUFGABEN >>

1. Vergleiche die Satellitenbilder. Was hat sich verändert?
2. Nenne Gründe für die Rodung und Maßnahmen zum Schutz des tropischen Regenwaldes.
3. Warum ist die Bodenerosion in den Tropen besonders stark?

Info: Erosion – ohne fruchtbaren Boden kein Leben:
Die üppige Vegetation des tropischen Regenwaldes hält mit ihren Wurzeln den Boden fest und verhindert so, dass die täglichen starken Niederschläge die lockere Erde wegspülen. Durch die starke Rodung in fast allen Gebieten nimmt aber die Erosion zu. Ohne die oberste fruchtbare Bodenschicht können viele Bäume aber nur noch schlecht oder gar nicht mehr wachsen. So entstehen Savannen statt Regenwälder. Nicht nur fruchtbare Gebiete gehen verloren, auch die Gefahr von Schlammlawinen in bergigen Gebieten nimmt zu.

Was kümmert uns der Regenwald?

Die Regenwälder gehören zu den wertvollsten Naturreserven, die wir auf unserem Planeten besitzen. Geht uns der Regenwald verloren, verlieren auch wir. Die folgenden Aspekte verdeutlichen, warum der Regenwald für uns alle wichtig ist. Überlegt auch, welche Folgen die Zerstörung der Regenwälder hätte.

Genbank: Viele Nutzpflanzen stammen aus dem tropischen Regenwald. Hier stehen die „Mutterpflanzen", deren genetische Informationen (Erbgut) rein und unverfälscht sind.
Kommt es bei unseren Nutzpflanzen zu Krankheiten oder Schädlingsbefall, so ist es wichtig, auf die Mutterpflanzen der Tropen zurückgreifen zu können. Mit ihrem Erbgut lassen sich neue Pflanzenarten züchten, die nun widerstandsfähiger gegen Umwelteinflüsse sind. Werden Tier- und Pflanzenarten jedoch ausgerottet, so gehen die in ihnen gespeicherten Gene für immer verloren.

Arzneimittel: Indianer aus Bolivien kannten Bäume mit roten Blättern, deren Rinde die Tropenkrankheit Malaria bekämpfte. Heute ist deren Wirkstoff Chinin in vielen Arzneien enthalten. So
helfen tropische Heilkräuter gegen Bluthochdruck, Zuckerkrankheit, Leukämie oder Asthma. Viele Medikamente enthalten Wirkstoffe aus tropischen Pflanzen. Doch bislang ist lediglich ein Prozent der Regenwaldpflanzen auf ihre medizinische Wirkung getestet worden. Heute suchen deshalb die großen Pharmakonzerne im Regenwald nach neuen Medikamenten.

Klimastabilität: Bei fast jeder Verbrennung (z. B. beim Autofahren) entsteht CO_2. Dieses Gas reichert sich in der Atmosphäre an und hält Wärme zurück. Dieser „Treibhauseffekt" führt zur all-
mählichen Erwärmung der Atmosphäre. Der Regenwald entzieht der Atmosphäre CO_2. Mithilfe des Sonnenlichtes wird dieses Gas in Pflanzen gebunden, als „Abfall" wird Sauerstoff erzeugt. Zudem wird es trockener, wenn der Regenwald verschwunden ist.

Nahrungsmittel: Allein in Indonesien werden 4000 Pflanzen als Nahrungsmittel verwendet – obwohl davon bis heute lediglich ein Zehntel allgemein verbreitet ist. Und in Neuguinea sind 250 Baumarten mit essbaren Früchten
bekannt, doch lediglich 40 davon werden bis heute im Anbau genutzt.
Im abgelegenen Dschungel wachsen beispielsweise noch die Mutterpflanzen von Kaffee, Tee, Kakao, Bananen, Ölpalmen, Maniok, Avocados.

Rohstoffe: Außer den bekannten Edelhölzern bietet der Regenwald eine Fülle von Rohstoffen: Öle aus Palmenkernen oder Nüssen; Fasern für Kleidung und Tauwerk; Milchsaft für Gummi; Harze
für Kerzen und Farben; Palmblätter zur Herstellung von Matten, Körben und Hüten; Gerbstoffe zur Herstellung von Leder und vieles mehr.

Lebensgrundlage für die Ureinwohner: Man schätzt die Urbevölkerung der Regenwälder auf zwei Mio. Menschen. Dazu gehören Völker wie die Pygmäen in Afrika, die Yanomami in Südame-
rika, die Dayak auf Borneo. Alle Ureinwohner haben sich dem Leben im Wald perfekt angepasst. Der Regenwald liefert ihnen, was sie brauchen: Nahrung, Feuerholz, Baumaterial, Medikamente. Den Urwald zu zerstören, gilt bei ihnen als Verbrechen.

Lebensraum der allermeisten Tier- und Pflanzenarten: Seit über 60 Millionen Jahren gibt es Regenwälder. Unzählige Tier- und Pflanzenarten, die schon als ausgestorben galten, haben dort überlebt. Die Regenwälder geben einen Einblick in die Entwicklungsgeschichte des Lebens. Wissenschaftler schätzen, dass 50 bis 90% aller Tier- und Pflanzenarten nur im Regenwald vorkommen.

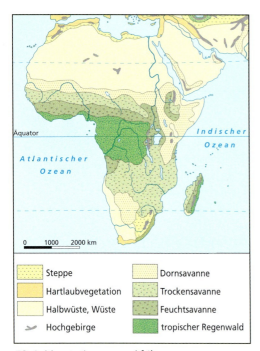

52.1 Vegetationszonen Afrikas

Aus einem Lexikon:
Savanne bedeutet „weite Ebene" und ist eine Vegetationszone in den wechselfeuchten Tropen. Sie grenzt beiderseits des Äquators an den tropischen Regenwald und reicht bis zu den Wendekreiswüsten. Geprägt ist sie durch relativ hohe Jahresdurchschnittstemperaturen und den Wechsel zwischen Regen- und Trockenzeit. Typisch sind daher Gräser, Büsche und vereinzelte Bäume.

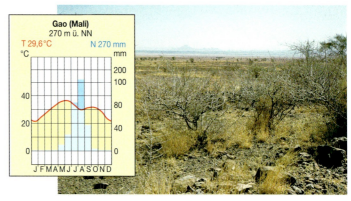
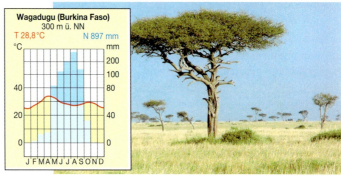
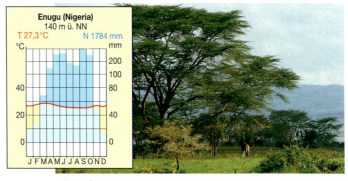

52.2 Savannenarten

Die Savannen – Mangel und Überfluss

Seit Wochen ist kein Tropfen Regen gefallen. Unbarmherzig brennt die Sonne vom wolkenlosen Himmel. Das Thermometer zeigt 35 bis 40 °C im Schatten. Man ist geblendet, wenn man über das weite Land schaut. Die Luft flimmert über den gelben Gräsern, die in der sengenden Glut verdorren. Die Bäume haben ihr Laub abgeworfen und sehen wie abgestorben aus. Immer heißer werden die Tage, immer mehr füllt sich die Luft mit Staub. Selbst die Tiere scheinen verschwunden zu sein. Täglich ballen sich riesige Haufenwolken zusammen, zerstreuen sich aber immer wieder. Alles wartet...

Schlagartig setzt ein gewaltiger Sturm ein und treibt Staub und Sand vor sich her. Bald prasselt der Regen – begleitet von lauten Donnerschlägen – mit solcher Gewalt hernieder, dass sich schon nach wenigen Minuten auf den Wegen und Plätzen kleine Seen und Bäche bilden. Durch die eben noch trockenen Flussbette wälzen sich schlammige Fluten. Die meisten Wege bestehen nur noch aus Morast, in den jeder Wagen tief einsinkt. In den nächsten Wochen entladen sich fast jeden Nachmittag schwere Gewitter. Schon bald sprießt das Gras und das Land überzieht sich mit frischem Grün. Auch die Bäume legen ein neues Blätterkleid an. Wie bei uns im Frühling blühen unzählige Blumen, die von Schmetterlingen und Käfern umschwirrt werden.

Dornsavanne:

Trockenzeit: 7 – 10 Monate

Niederschläge: 250 – 500 mm

Vegetation: oft undurchdringliches Dorngestrüpp, nur etwa 25 cm hohes Gras, das den Boden nicht geschlossen bedeckt. Gewächse weisen Verdunstungsschutz auf (z.B. Verdickung der Rinde, Blätter mit Wachsüberzug) oder können in Stämmen (Flaschenbaum), Blättern (Agaven) oder Wurzeln Wasser speichern; schirmförmige Baumkronen.

Landwirtschaft: aufgrund geringer Niederschläge nur Viehzucht durch Nomaden.

Trockensavanne:

Trockenzeit: 5 – 7 Monate

Niederschläge: 500 – 1000 mm

Vegetation: brusthohes Gras, Bäume werfen Laub ab und wachsen im Abstand von 10 – 25 m; Blätter bilden eine Schirmkrone, die den Boden beschattet und Austrocknung verhindert. Typisch sind Schirmakazien, Affenbrot- (Baobab) und andere Flaschenbäume (speichern in dicken Stämmen Wasser), Ufer der nicht ganzjährig Wasser führenden Flüsse von dichten Baumstreifen (Galeriewälder) gesäumt.

Landwirtschaft: Ackerbau (nur eine Ernte möglich), Viehzucht durch die Tsetsefliegen behindert.

Feuchtsavanne:

Trockenzeit: 2 – 5 Monate

Niederschläge: 1000 – 1500 mm

Vegetation: offene Landschaft mit parkartigem Baumbestand, bis zu 6 m hohes Elefantengras, die Bäume behalten auch während der Trockenzeit ihre Blätter.

Landwirtschaft: hohe Niederschläge ermöglichen zwei Ernten im Jahr; zur Selbstversorgung Anbau von Hirse, Mais, Soja, Maniok, für die Ausfuhr z.B. Erdnüsse und Baumwolle; wegen der Tsetsefliegen kaum Großviehhaltung. Durch Brandrodung gewinnen Hackbauern zusätzliches Ackerland.

53.1 „The big five", die begehrtesten Ziele einer Safari

AUFGABEN >>

1. Erstelle mithilfe von Buch und Atlas eine Übersicht über die Savannen (Tabelle 53.2).
2. Nenne afrikanische Staaten, die alle Savannentypen aufweisen. Ermittelt außerdem Gebiete außerhalb Afrikas, die von Savannen bedeckt sind (Atlas).
3. Ein Reiseunternehmer bietet drei Reisen nach Afrika an: vom 16.–30. Juni nach Nubien (Sudan, ca. 20° nördliche Breite), vom 15.–28. Juli nach Gabun (ca. 1° südliche Breite) und vom 10.–23. Dezember an den Malawisee (ca. 14° südliche Breite). Auf welche Wetterverhältnisse müssen sich die Reiseteilnehmer einstellen? Begründet eure Antwort.

	Dornsavanne	Trockensavanne	Feuchtsavanne
Trockenzeit			
Regenzeit			
Niederschläge			
Vegetation			
Landnutzung			

53.2

Traditionelle Landnutzung in der Savanne: der Nomadismus

Nomaden sind nicht sesshaft und ziehen mit ihren Herden und ihrem gesamten Besitz auf der Suche nach Weideplätzen umher. Unterwegs betreiben sie meist Tauschhandel. Sie sind besonders in den trockenen Gebieten verbreitet.

54.1 Ahmed

54.2 Herde an einem Wasserloch

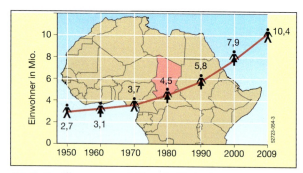

54.3 Bevölkerungsentwicklung im Tschad

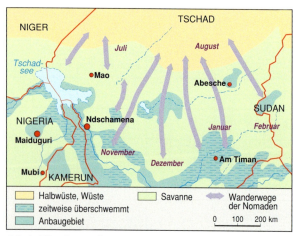

54.4 Wanderungsbewegung

Ahmed, ein Nomade aus dem Tschad, berichtet:

9. August: Vor vierzehn Tagen haben wir Mao verlassen und sind nach Norden gezogen. Nach der Regenzeit ist die Dornsavanne wieder mit etwas Grün überzogen. Meine 20 Schafe, 28 Ziegen, 10 Rinder und 4 Kamele finden hier gerade genug zu fressen.

21. September: Wir sind wieder nach Süden unterwegs. Die Sonne brennt herab und die Weideflächen sind schon am Verdorren. Gestern habe ich eines meiner Schafe in der kleinen Siedlung gegen Datteln, Reis und Hirse eingetauscht.

2. November: Seit drei Tagen lagern wir an einem Brunnen, doch die gesamte Vegetation ist von den vielen Tieren anderer Viehhirten zertrampelt oder aufgefressen worden. Wir müssen bald weiterziehen, damit meine Tiere nicht verhungern.

21. Dezember: Überall sieht man hier im Süden von Ndschamena die Reis- und Hirsefelder der ansässigen Bauern. Obwohl wir ein Abkommen haben, dass wir hier durchziehen dürfen, gibt es mit den Bauern Ärger. Doch wie soll ich meine Tiere von ihren Pflanzungen fernhalten, wenn immer weniger Weidefläche zur Verfügung steht? Früher durften wir unsere Tiere wenigstens auf die abgeernteten Felder treiben, aber es liegt ja kaum noch etwas brach.

13. Februar: In kurzer Zeit haben meine Frau und meine fünf Kinder unsere Zelte abgebrochen und wir wandern mit den drei anderen Familien unserer Sippe wieder Richtung Norden. Jedes Jahr kommen neue Felder der Bauern dazu. Es wird immer schwieriger, diese Gebiete zu durchwandern.

27. April: Hoffentlich regnet es in diesem Jahr früher und ergiebiger als im letzten Jahr. Wenn zu wenig Niederschlag fällt, wächst nicht genug Gras für alle Herden. Ich will nicht wieder ein paar Tiere verlieren. Eine große Herde sichert das Überleben meiner Familie und verschafft mir Ansehen. Aber von Jahr zu Jahr wird das Leben als Wanderhirte schwieriger.

AUFGABEN >>

1. Erkläre den Begriff Nomadismus.
2. Beschreibe die Lebensweise von Ahmed und seiner Familie. Mit welchen Problemen haben sie zu kämpfen?
3. Beschreibe Abb. 54.3. Wie wirkt sich die Bevölkerungsveränderung auf das Leben der Nomaden aus?

Vom Text zum Merkbild

Die Nomaden haben mit immer größeren Schwierigkeiten zu kämpfen. Das stetige Bevölkerungswachstum sorgt dafür, dass immer mehr Weideflächen zugunsten von Wohn- und Anbauflächen wegfallen. Auch die Staatsgrenzen oder Zäune behindern die Wanderung. Hinzu kommt, dass der Staat das Sesshaftwerden der Nomaden fördert, da sich die Streitigkeiten zwischen ihnen und den Bauern mehren. Die Konkurrenz durch die Lkw-Transporte und Händler gefährdet ebenfalls die Existenz der Nomaden, da diese Einnahmequelle wegfällt. Wenn sie sich jedoch niederlassen und ihre Herden nicht mehr wandern, kommt es in den Siedlungsgebieten zur Überbelastung der Vegetation. Das Gras kann nicht so schnell nachwachsen, sodass eine **Überweidung** nicht mehr aufzuhalten ist. Auch das Trinkwasser wird knapp. Deshalb werden Tiefbrunnen gebaut, was aber zu einer Absenkung des Grundwasserspiegels führt. Die Pflanzen vertrocknen und das Weideland wird zur Wüste, es kommt also zur **Desertifikation** (Wüstenausbreitung).

So wird es gemacht:
- Genaues Lesen und Klären der unbekannten Wörter
- Wichtige Begriffe und Sätze markieren
- Zusammenhänge herstellen und Stichpunkte notieren
- Begriffe und Sätze eventuell umformulieren und ordnen
- Farbige und anschauliche Gestaltung

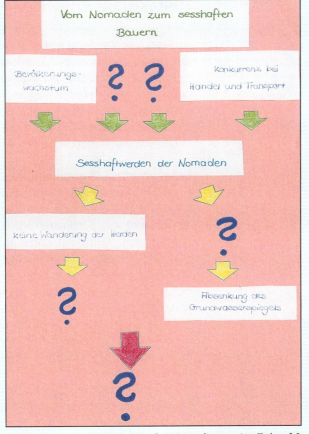

55.1 *Hat der Nomadismus eine Zukunft?*

AUFGABEN >>

1. Übertrage das Merkbild (Abb. 55.1) in dein Heft und ersetze die Fragezeichen sinnvoll.
2. Erstelle ein Merkbild zur Gefährdung des tropischen Regenwaldes (> S. 50).

56.1 *Felsmalerei aus der Sahara*

Im östlichen und südöstlichen Afrika entdeckten Forscher etwa 3,5 Millionen Jahre alte Schädel. Sie stammten von Lebewesen, die den Übergang vom Tier zum Menschen darstellten. Diese konnten sich auf die Hinterbeine stellen und lernten schließlich aufrecht zu gehen, um über das hohe Savannengras zu blicken. Zudem erfanden sie einfache Werkzeuge und eine Sprache. Aus diesen Frühmenschen entwickelte sich der heutige Mensch, der Homo Sapiens.

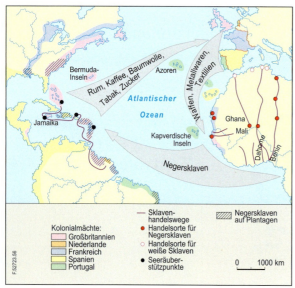

56.2 *Dreieckshandel*

56.3 *Auf dem Weg in die Sklaverei*

Historische Entwicklung Afrikas

Aus europäischer Sicht blieb Schwarzafrika lange Zeit der dunkle, unerforschte Kontinent. Vom 15. Jahrhundert an erkundeten portugiesische Seefahrer auf der Suche nach dem Seeweg nach Indien die Westküste. Dabei errichteten sie erste Handelsstützpunkte. Erst aufgrund der wirtschaftlichen Interessen wurden auch Teile des Hinterlandes von Afrika bekannt.

Sklaverei und Dreieckshandel

Etwa zur gleichen Zeit begann eines der traurigsten Kapitel in der Geschichte Afrikas: die massenweise Versklavung der Schwarzafrikaner (Abb. 56.3). Gewinnsüchtige Häuptlinge und arabische Händler veranstalteten regelrechte Raubzüge ins Landesinnere und verschleppten ganze Familien. 25 bis 30 Millionen Menschen, ein Viertel der damaligen Gesamtbevölkerung Afrikas, wurde versklavt.

1619 ging die erste Sklavenlieferung nach Amerika, denn in der „Neuen Welt" wurden billige Arbeitskräfte auf den Zuckerrohr-, Baumwoll- und Tabakplantagen benötigt. Ungezählt sind die Menschen, welche die grausamen Überfahrten nicht überlebten. So kam es zu einem schwunghaften **Dreieckshandel** zwischen Europa, Afrika und Amerika, bei denen die Kaufleute große Gewinne erzielten (Abb. 56.2).

1833 wurde die Sklaverei endlich in allen britischen **Kolonien** offiziell abgeschafft. In den USA wurde sie nach einem Bürgerkrieg 1865 verboten, in Brasilien sogar erst im Jahr 1888.

Die Kolonialisierung

In der zweiten Hälfte des 19. Jahrhunderts kam es zum großen Wettlauf um die afrikanischen Gebiete. Die Europäer wussten wenig über die dortige Bevölkerung. Sie hielten die Eingeborenen aufgrund ihrer Lebensweise für unterentwickelt und vertraten daher die Meinung, man müsste die „armen und dummen Primitiven" zivilisieren. Mit der Industrialisierung wurde Afrika für viele Länder Europas ein wichtiger Lieferant bergbaulicher und pflanzlicher Rohstoffe. Auf großen **Plantagen** baute man zum Beispiel Kakao, Kaffee oder Bananen an. Bergbaubetriebe wurden errichtet, um die zahlreichen Bodenschätze auszubeuten. So nahmen viele europäische Staaten Siedlungsgebiete auf dem schwarzen Kontinent in Besitz (Abb. 57.1). 1884 wurde in Berlin eine Konferenz einberufen, auf der Afrika unter den Kolonialmächten „aufgeteilt" wurde. Die Grenzen der entstandenen Kolonien wurden wie mit dem Lineal gezogen – ohne Rücksicht auf traditionelle Stammesgebiete (Abb. 57.2). Die Folgen dieser willkürlichen Grenzziehungen sind bis heute zu spüren, denn viele Afrikaner fühlen sich eher zu einem Stamm als zu einem Staat zugehörig (> S. 58/59).

Afrika heute

Nach dem Zweiten Weltkrieg wurden viele Kolonien selbstständig. Die Entkolonialisierung verlief aber in vielen afrikanischen Staaten kompliziert und mit Rückschlägen. Konflikte zwischen den Stämmen führten zu Auseinandersetzungen und Bürgerkriegen, die teilweise bis heute andauern. Viele Länder sind noch heute durch die Wirtschaft und die Sprache eng an die ehemalige Kolonialmacht gebunden. Jahrzehnte nach der Unabhängigkeit sind die meisten afrikanischen Staaten immer noch wirtschaftlich abhängig und ihre Infrastruktur ist schlecht entwickelt.

AUFGABEN >>

1. Erkläre den Dreieckshandel (Abb. 56.2).
2. Suche im Atlas Rohstoffe, die in Afrika vorhanden sind.
3. Welche Kolonialmächte nahmen Afrika in Besitz (Abb. 57.1)?
4. Beschreibe die Auswirkungen der Kolonialisierung auf die heutige Zeit.
5. Skizziere die historische Entwicklung Afrikas vom 15. Jahrhundert bis heute.

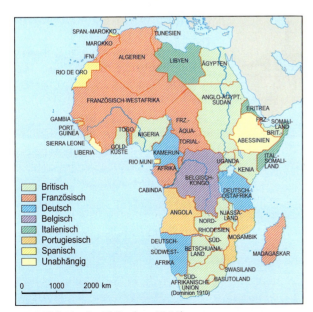

57.1 Kolonien in Afrika (um 1914)

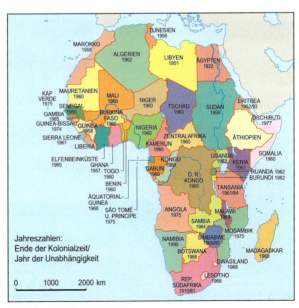

57.2 Afrika heute

Ein Land im Fokus: Bundesrepublik Nigeria

Nigeria ist das bevölkerungsreichste Land Afrikas. Zwischen 1990 und 2008 stieg die Einwohnerzahl um 50 Millionen Menschen auf über 148 Millionen Bewohner.

Kulturelle Konflikte

Nach der Unabhängigkeit Nigerias von Großbritannien (1960) brachen Gegensätze zwischen den Stämmen auf. So stritten die Joruba und Ibo um die Vormacht im Süden. Die Lebensweise im islamischen Norden unterscheidet sich deutlich vom überwiegend christlich geprägten Süden. Zudem ist die Kultur der traditionell eingestellten Landbevölkerung nur schwer mit dem modernen Leben in Millionenstädten wie Lagos zu vereinbaren.

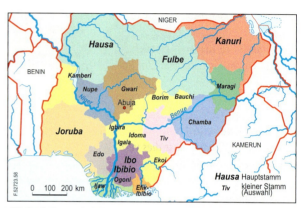

58.1 Stämme in Nigeria

Der Erdölboom und seine Folgen

In den 1960er Jahren wurden große Erdölvorkommen im Nigerdelta entdeckt. Heute zählt Nigeria zu den wichtigsten Erdöl- und Erdgasexporteuren der Welt. Durch die zunehmende Ausfuhr dieser Energieträger stiegen die Einkünfte des Landes rapide an. Die Landwirtschaft verlor hingegen stark an Bedeutung. Viele Felder wurden nicht mehr bewirtschaftet und ein Teil der Bevölkerung konnte nicht mehr mit Nahrung versorgt werden.

90% der Nigerianer leben heute in Armut, weil das Land seit vielen Jahren in einer schweren Wirtschaftskrise steckt. Zudem kamen die Einnahmen aus dem Erdölgeschäft nur wenigen zugute: Denn diese wurden vor allem in schlecht durchdachte Großprojekte oder in das Militär investiert. Große Summen verschwanden in den Taschen von korrupten Beamten oder Politikern, die Masse der Bevölkerung ging dagegen leer aus.

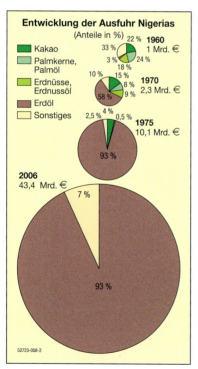

58.2 Entwicklung der Ausfuhren in Nigeria

58.3 In einem Slum von Lagos

58.4 Auf einem Markt

Karoa, Vater von fünf Kindern berichtet:

„Seit Jahrhunderten lebt meine Familie schon im Nigerdelta. In den letzten Jahren wurden unsere Gewässer aber durch die Ölförderung verseucht. Es kam zu einem Fischsterben. Um überleben zu können, zweige ich mit anderen Männern unseres Stammes immer wieder Öl aus den Pipelines ab und verkaufe es dann auf dem Schwarzmarkt. Ich weiß zwar, dass dies verboten und gefährlich ist. Aber was bleibt mir übrig? Irgendwie muss ich ja meine Familie ernähren!

Arbeit zu finden, ist schwierig, wenn man nicht in der Industrie unterkommt. Dazu müsste man gut ausgebildet sein. Da mein Vater im Bürgerkrieg starb, musste ich früh die Schule abbrechen und für die Familie sorgen.

Auch heute können wir es uns nicht leisten, alle unsere Kinder zur Schule zu schicken, schließlich kostet das Schulgeld.

Die größte Schwierigkeit ist aber, an sauberes Trinkwasser zu kommen. In der Trockenzeit müssen wir lange Märsche auf uns nehmen, um aus Tümpeln oder offenen Wasserlöchern verschmutztes Wasser zu schöpfen. Vor einigen Monaten wurde meine Tochter Bonia schwer krank, weil sie verschmutztes Wasser getrunken hatte. Sie hätte einen Arzt gebraucht, aber der ist zwei Tagesmärsche von hier entfernt. Außerdem kostet eine Behandlung viel Geld. Das konnten wir uns nicht leisten und so starb Bonia nach einigen Tagen."

59.1 Beim Versuch, eine Erdölleitung anzubohren, starben im Mai 2006 Hunderte von Menschen

Steckbrief Nigeria

Fläche: 923.768 km²

Bevölkerung (2008): 148 Mio

Bevölkerungsdichte: 160 Ew/km²

Hauptstadt seit 1991: Abuja (bis 1991: Lagos)

Amtssprache: Englisch

Religionen: 49% Christen (v.a. im Süden)
45% Muslime (v.a. im Norden)

Landwirtschaftliche Produkte: Baumwolle, Kakao, Palmöl, Erdnüsse

Bodenschätze: Steinkohle, Erze, Kalk, Marmor

Arbeitslosigkeit: 45-50%

59.2 Steckbrief von Nigeria

AUFGABEN >>

1. Beschreibe die Entwicklung der Ausfuhren Nigerias von 1960 bis 2006 (Abb. 58.2).
2. Nenne Probleme, die die Erdölförderung für die Bevölkerung Nigerias mit sich bringt.
3. Belege anhand des Berichtes von Karoa die schwierigen Lebensverhältnisse in Nigeria.
4. Wählt einige afrikanische Staaten aus und erstellt dazu Steckbriefe, die ihr anschließend der Klasse präsentiert.

Blutiges Afrika

60.1 Kindersoldat

Azudi, heute 16 Jahre, berichtet in einem Interview über seine Zeit als Kindersoldat.

Frage: Bist du freiwillig Soldat geworden?
Nein, natürlich nicht. Ich wusste nicht mal, warum gekämpft wurde. Mein Heimatdorf wurde von Rebellen überfallen, als ich acht Jahre alt war und mit meinem Vater und meinen Brüdern auf dem Feld arbeitete. Als sich mein Vater gegen unsere Verschleppung wehrte, wurde er erschossen. Meine Brüder und mich steckten sie in unterschiedliche Lager. Wo sie sich heute aufhalten, weiß ich nicht.

Was geschah im Lager?
Es war schrecklich, ich habe heute noch Alpträume. Ich sollte einen Vierjährigen töten, weil er Suppe verschüttet hatte. Aber ich weigerte mich. Daraufhin wurde ich misshandelt, man stach mir mit dem Messer in die Beine. Die Wunden spüre ich bis heute. Der Junge wurde schließlich vor meinen Augen erschossen. Nach und nach erhielten wir eine Art Waffentraining. Wir lernten den Umgang mit Handgranaten und Karabinergewehren.

Bist du auch bei Kämpfen dabei gewesen?
Nicht nur bei einem! Und immer in erster Reihe! Ich musste hilflos zusehen, wie Soldaten Menschen folterten und ermordeten. Nach den Gefechten plünderten wir die Häuser, wir nahmen alles mit, was wir tragen konnten.

Wie ging es weiter?
Während eines Kampfes gelang mir die Flucht. Zuerst versteckte ich mich im Wald, bis ich mich sicher fühlte. Dann fuhr ich per Anhalter nach Kampala. Dort kam ich in einem Flüchtlingslager für Kinder unter.

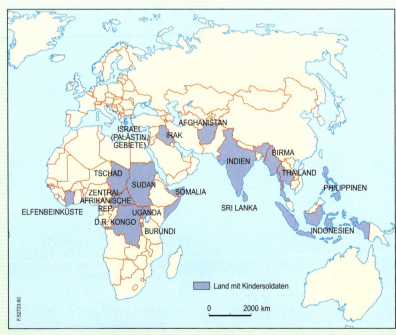

60.2 Weltweite Verbreitung von Kindersoldaten

AUFGABEN >>

1. In welchen Staaten werden Kindersoldaten eingesetzt (Abb. 60.2)?
2. Versucht im Internet oder in einem Lexikon Informationen über aktuelle Bürgerkriege in Afrika herauszufinden.
3. Beschreibe die weltweite Verbreitung von Aids (Abb. 61.2).
4. Fasse anhand der Texte die Schicksale von Azudi und Zorile zusammen.

HIV-positiv – ein Todesurteil?

Zorile, 14 Jahre, sitzt am Straßenrand im Zentrum von Johannesburg, einen schmutzigen Pappkarton um ihre Füße gewickelt. Ihr dünner Körper zittert, seit Tagen hat sie nichts Richtiges mehr gegessen. Sie erzählt:

„Als ich vor ein paar Monaten in die Stadt zog, hoffte ich, dass dort alles besser sei. Das Dorf habe ich verlassen, denn dort hielt mich nichts mehr. Meine Mutter starb vor drei Jahren an Aids. Vater hatte sie infiziert, weil er als Fernfahrer ungeschützten Geschlechtsverkehr mit einer anderen Frau hatte. Als meine Mutter an Aids erkrankte, hat er uns verlassen.

Nach ihrem Tod versorgte Großmutter meine sechs Geschwister und mich, doch sie ist inzwischen alt und kann nicht mehr. Fast die Hälfte der Mütter und Väter in unserem Dorf sind nach und nach an dem Virus gestorben. Übrig bleiben nur Kinder und Alte.

In der Stadt ist das Leben allerdings sehr gefährlich. Ohne einen Freund kann man nicht überleben. Er beschützt mich, denn er trägt eine Waffe. Dafür muss ich aber mit ihm schlafen. Ein „Nein" akzeptiert er nicht und das Geld, das ich zusammenbettle, will er auch. Manchmal, wenn es an Geld fehlt, biete ich meinen Körper fremden Männern an. Sie zahlen gut für junge Mädchen. Ob sie mich bereits mit Aids angesteckt haben? Ich weiß es nicht!"

61.1 Zorile

Die Männer und das Kondom

Viele afrikanische Männer stehen dem Gebrauch von Kondomen äußerst kritisch gegenüber. Manche glauben, dass darin kleine Würmer leben, die Unglück bringen oder dass die Kondome ohnehin Löcher haben. Außerdem sind sie diesen Verhütungsmitteln gegenüber misstrauisch, weil sie von Weißen empfohlen werden. Denn viele Afrikaner sind der Ansicht, dass die Weißen mithilfe von Kondomen das Wachstum der schwarzen Bevölkerung stoppen wollen.

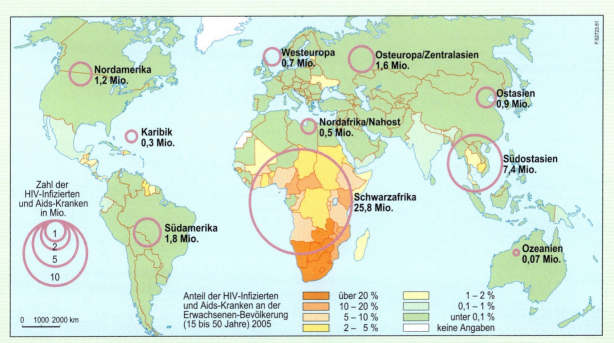

61.2 Weltweite Verbreitung von Aids

Auswerten von Zeitungsartikeln

Gehe folgendermaßen vor:
1. Lies den Text gründlich durch.
2. Kläre unbekannte Begriffe mithilfe eines Lexikons.
3. Markiere mit unterschiedlichen Farben wichtige Aspekte des Textes auf der Kopiervorlage.
4. Fasse einzelne Abschnitte mithilfe von Überschriften zusammen.
5. Ordne den Artikel räumlich und zeitlich ein. (Wo? Wann?)
6. Wie wirken Überschriften oder Bilder?
7. Welche Absicht hat der Autor?
8. Welche Informationsquellen wurden genutzt?

Beispiel für die Zusammenfassung einzelner Abschnitte in Teilüberschriften: ➔

Z 1–8: Ursache: weniger Geld für Schulen vorhanden, aber immer mehr Kinder

Z 9–12: Ziel: Alle Kinder sollen zur Schule gehen

Z 13–16: Lösung: Schulgeld abschaffen

Z 17–31: Hindernisse, die den Schulbesuch erschweren

Z 32–34: Aussicht auf Ideen zur Lösung der Probleme

AUFGABEN >>

1. Erstelle zu jedem der drei Zeitungsartikel ein Merkbild.
2. Sammle aus der Tageszeitung Artikel zum Thema „Afrika". Gestaltet auch im Klassenverband eine Wandzeitung oder eine Collage zum Thema „Afrika – ein Kontinent in der Krise".
3. Recherchiert im Internet über Probleme Afrikas. Fertigt dann nach folgendem Muster eine Tabelle zu dem Thema an:

Art der Krise	Land

Anschließend könnt ihr die einzelnen Probleme in Gruppen genauer beleuchten.
4. Analysiert Radio- oder Fernsehberichte über Afrika. Welche Probleme werden dargestellt?

Nummer 34

„Die Straße ist mein Zuhause" – Der neunjährige Straßenjunge Mori berichtet aus seinem Alltag

Rund 50 Millionen Kinder ohne Schulbildung

Einem Bericht der Afrikanischen Union zufolge besuchen rund 50 Millionen Kinder in Afrika keine Schule.
Entscheidende Ursachen dafür sind: Viel
5 Staaten geben immer weniger Geld fü Schulen aus, während auf der anderen Seit immer mehr Kinder geboren werden, d eine Schule besuchen wollen.
Bis zum Jahr 2015 sollen alle Kinder zu
10 Schule gehen können. Das haben zumin dest Regierungschefs aus aller Welt auf eine Konferenz im Jahr 2000 beschlossen.
In manchen Staaten Afrikas hat man dahe das Schulgeld abgeschafft, um auch Kin
15 dern aus ärmeren Familien den Schulbe such zu ermöglichen. Einige Eltern kön nen ihren Kindern trotzdem die Bildung nicht ermöglichen. Denn zum einen müss ten sie die Schulkleidung oder Schulaus
20 stattung anschaffen, zum anderen fehl ihnen die Arbeitskraft der Kinder, wen diese den Unterricht besuchen.
Fehlende Arbeitsmaterialien und Schulgebäu de sind ein weiteres Problem. Oft besuche
25 mehr als 80 Kinder eine Klasse und der Unter richt muss im Freien stattfinden. Büche Hefte und eine Tafel sind eine Seltenheit Auch der Weg zur Schule ist aufwendig. Da in Afrika die meisten Menschen in Dörfern
30 leben, sind für die Schüler Fußmärsche vo zwei und mehr Stunden keine Seltenheit.
Bleibt abzuwarten, was sich die Regie rungen einfallen lassen, um das Problem der fehlenden Bildung zu lösen.

RICAN NEWS

Sonderausgabe „Ein Kontinent in der Krise" Mai 2009

| Flüchtlinge in Angola: Weggehen, weil Bleiben zu gefährlich wäre | Aids: Todesursache Nr. 1 in Afrika | Ghana: Kampf gegen den Guineawurm aufgenommen | Tschad: Wächst die Gefahr des islamistischen Terrorismus? |

Immer mehr hungernde Kinder am Horn von Afrika

Nairobi – Nach UN-Angaben sind am Horn von Afrika derzeit rund 17 Millionen Menschen auf Nahrungsmittelhilfe angewiesen. Besonders betroffen sind Äthiopien, Somalia, Eritrea, Uganda und der Norden von Kenia. Als Ursache für die Krise nennen Wissenschaftler die anhaltende Dürre, extreme Heuschreckenplagen sowie Pflanzenkrankheiten. Diese Ursachen haben zu einem explosionsartigen Anstieg der Nahrungsmittelpreise geführt. Verschärft wird alles in manchen Gebieten durch militärische Konflikte. Äthiopien ist am stärksten von Ernteausfällen betroffen. Laut Regierung leiden hier 6 bis 7 Millionen Menschen an den Folgen der Dürre. Nur 20 % der Anbauflächen konnten in diesem Jahr bestellt werden, da es im Frühjahr zu spät und zu wenig regnete. In den vergangenen Jahren brachten die Nomaden bei Dürre ihr Vieh dorthin, wo es geregnet hatte. Nun ist es aber überall trocken. So vertrocknen die Felder und das Vieh verdurstet. Der Regierung zufolge starben in diesem Jahr bis zu 30 % des Viehs. Dies ist besonders problematisch, da viele Bewohner alleine von der Viehzucht leben. Die Tiere sind ihr einziges Kapital. Vielen Familien fehlt nun die Lebensgrundlage. Sie ziehen auf der

Suche nach Wasser, Acker- und Weideland umher. In anderen Regionen ist die Situation oft genauso schlecht und so kommt es immer wieder zu kriegerischen Auseinandersetzungen um die knappen Ressourcen.

Nahezu eine Milliarde Afrikaner leben heute auf unserer Erde

Afrikas Bevölkerung wächst weiter und weiter. Grund dafür ist, dass weit mehr Menschen geboren werden als sterben. Auch überleben durch die verbesserte medizinische Versorgung mittlerweile mehr Säuglinge als früher.
Laut der Deutschen Stiftung Weltbevölkerung bekommt in Afrika jede Frau durchschnittlich 4,9 Kinder. (In Europa sind es nur 1,5 Kinder pro Frau!). In einigen Regionen Afrikas werden im Durchschnitt sogar mehr als sieben Kinder pro Frau geboren. Vor allem die arme Landbevölkerung weiß wenig über Verhütung – oder ihr fehlt das Geld für Verhütungsmittel. Außerdem hat man traditionell viele Kin-

der, da diese auch als Altersvorsorge betrachtet werden. Durch den Kinderreichtum hat sich die Bevölkerung Afrikas in den letzten zweihundert Jahren verachtfacht.

Das Bevölkerungswachstum bringt eine Reihe von Problemen mit sich: Viele Afrikaner haben keinen Zugang zu sauberem Trinkwasser oder leiden an Unterernährung. Wegen der mangelhaften Versorgung und Armut flüchten viele Menschen vom Land in die Städte – was dort wiederum zu Armensiedlungen mit geringen Perspektiven führt.
Diesen Problemen will man durch gezielte Aufklärung der Bewohner sowie den Zugang zu kostenlosen Verhütungsmitteln entgegenwirken. Zudem wurde in einigen Staaten das Heiratsalter gesetzlich heraufgesetzt – mit dem Ziel, dass die Frauen erst später Kinder auf die Welt bringen.

Auswerten von Texten und Grafiken

Die Bevölkerungsentwicklung Afrikas

Im Jahr 1750 lebten schätzungsweise 106 Millionen Menschen in Afrika. Bis zum Jahr 1800 stieg die Zahl auf etwa 107 Millionen an. Fünfzig Jahre später lebten dort 111 Millionen, im Jahr 1900 schließlich rund 133 Millionen Menschen. Bis zum Jahr 1950 stieg die Zahl auf 224 Millionen Menschen. Seitdem ist ein dramatischer Anstieg zu verzeichnen: Zur Jahrtausendwende zählte man 832 Millionen Personen auf dem Kontinent.

Jahr	Bevölkerung Afrikas (in Millionen)
1750	106
1800	107
1850	111
1900	133
1950	224
2000	832

64.1 Tabelle zur Bevölkerungsentwicklung Afrikas

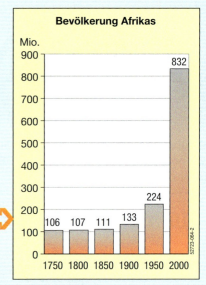

64.2 Säulendiagramm

Warum verwenden wir Tabellen?

Um Informationen deutlicher darstellen zu können, werden Tabellen und Grafiken verwendet. Eine Tabelle ist eine geordnete Zusammenstellung von Daten. Sie bietet folgende Vorteile:
- größere Anschaulichkeit im Vergleich zu Texten
- Vereinfachung komplexer Zusammenhänge
- leichtere Vergleichbarkeit von Daten

Wie ist eine Tabelle aufgebaut?

In der Kopfzeile wird beschrieben, welcher Inhalt anschließend präsentiert wird. Oft werden die Daten dabei auf- oder absteigend sortiert, man beginnt mit dem niedrigsten oder höchsten Wert. Auch eine alphabetische Reihenfolge macht Sinn. Gitternetze helfen oft, den Überblick zu bewahren.
Die Daten werden in Tabellen als absolute oder relative Zahlen dargestellt. Absolute Zahlen werden verwendet, um Größen oder Zahlenwerte anzugeben. Relative Zahlen drücken Anteile oder Verhältnisse aus.

AUFGABEN >>

1. Nenne Vorteile von Tabellen und Grafiken.
2. Beschreibe, was man bei der Erstellung von Tabellen und Diagrammen beachten muss.
3. Nenne die drei Diagrammarten und erkläre deren Verwendung.
4. Interpretiere die Diagramme 65.1-3 mithilfe der Tipps auf Seite 65 unten.

Arbeite mit der Tabelle auf Seite 64 unten:
5. Beschreibe den Inhalt der einzelnen Spalten. Achte dabei auf die Einheit.
6. Berechne die Bevölkerungsdichte der einzelnen Länder.
7. Erstelle jeweils ein passendes Diagramm zu den Spalten und begründe, warum du diesen Diagrammtyp ausgewählt hast.
8. Berechne mithilfe des Bevölkerungswachstums die Bevölkerungszahl im Jahr 2030 für die Länder in Tabelle 64.3.

Land	Einwohner im Jahr 2008 (in Millionen)	Fläche (in km²)	Bevölkerungsdichte (Einwohner/km²)	Natürliche Bevölkerungswachstumsrate (in %)
Namibia	2,1	824 300	?	1,0
Nigeria	148,1	923 800	?	2,5
Ruanda	9,6	26 300	?	2,7

64.3 Bevölkerungsdaten ausgewählter afrikanischer Staaten

Warum verwenden wir Diagramme?
In einem Diagramm werden Daten und Inhalte grafisch veranschaulicht. Diese Form der Darstellung ist oft noch übersichtlicher als die von Tabellen. Bei der Gestaltung von Diagrammen gilt:
- die Grafik muss einfach und übersichtlich sein
- Farben, Linien und Flächen müssen sich gut unterscheiden
- das Diagramm muss beschriftet sein

Säulen-/Balkendiagramm
Dieses eignet sich besonders zur Veranschaulichung von Zahlenwerten in einer zeitlichen und räumlichen Abfolge sowie zu deren Vergleich. Das Balkendiagramm ist nur ein gedrehtes Säulendiagramm: Es zeigt nicht vertikale Säulen, sondern verwendet horizontale Balken als Darstellungsweise.

Linien-/Kurvendiagramm
Diese Diagrammform eignet sich besonders zur Darstellung von Zeitreihen. Natürlich müssen dabei die Abstände gleich groß sein, um Verzerrungen zu vermeiden.

Kreisdiagramm
Dieses eignet sich vor allem zur Darstellung der prozentualen Zusammensetzung einer Gesamtmenge. Der Kreis wird dabei in mehrere Segmente eingeteilt, die jeweils den Anteil an der Gesamtmenge wiedergeben. Oft ist es sinnvoll, die Kreissegmente mit den relativen Werten zu beschriften.

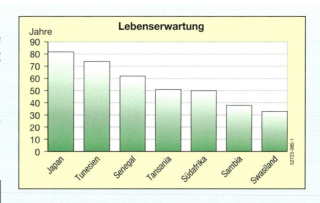

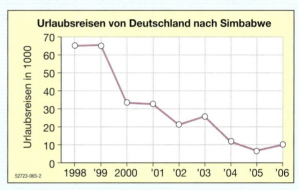

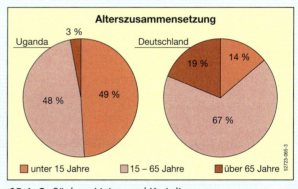

65.1–3 Säulen-, Linien- und Kreisdiagramm

Tipps zur Auswertung von Tabellen und Diagrammen

1. Formales
- Nenne zuerst die verwendete Diagrammform.
- Erkläre das Thema des Diagramms oder der Tabelle.
- Nimm eine zeitliche und räumliche Einordnung der Daten vor.
- Nenne – falls vorhanden – die Quelle der Daten.

2. Beschreibung
- Formuliere die wichtigsten Aussagen.
- Beschreibe die Entwicklung der Daten und kennzeichne Maxima und Minima.
- Benenne wichtige Details oder „Ausreißer".

3. Erklärung
- Erkläre den dargestellten Sachverhalt.
- Bringe – wenn nötig – Zusatzinformationen ein.

4. Bewertung
- Schätze ein, ob Darstellungsform und Thema zueinander passen.
- Beurteile die Genauigkeit der Aussage.
- Überprüfe den dargestellten Sachverhalt auf Verzerrungen oder Verfälschungen.

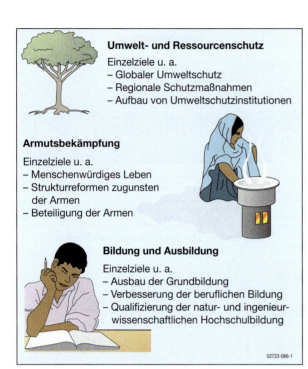

66.1 Schwerpunkte staatlicher Entwicklungszusammenarbeit

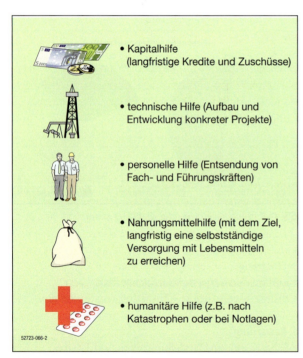

66.2 Formen der Entwicklungszusammenarbeit

66.3 Logos verschiedenener Entwicklungshilfeorganisationen

Wege aus der Krise

Besonders bei aktuellen Katastrophen oder in der Weihnachtszeit häufen sich die Spendenaufrufe von Hilfsorganisationen. Geworben wird für Geld- oder Sachspenden sowie für Patenschaften für hilfsbedürftige Kinder auf der ganzen Welt. Doch was haben diese Entwicklungshilfen eigentlich zum Ziel?
„Hilfe zur Selbsthilfe" heißt die Devise, so Marion Weiler, die Leiterin einer Hilfsorganisation. Ganz nach dem Motto „Wenn jemand Hunger hat, so gib ihm keinen Fisch, sondern lehre ihn zu fischen" wollen wir die Bevölkerung vor Ort anleiten, um aus dem Teufelskreis der Armut auszubrechen.
„Unsere Hilfsorganisation hat verschiedene Tätigkeitsbereiche", erklärt Frau Weiler. „Sie baut zum Beispiel Schulen vor Ort, klärt die Landbevölkerung über die Ursachen von Aids auf, baut Krankenhäuser, um erkrankte Menschen zu pflegen, betreut ehemalige Kindersoldaten und versucht ihnen die Integration in ein normales Leben zu ermöglichen. Außerdem werden mit finanziellen Mitteln Aktionen zum Schutz des Lebensraums unterstützt."
Vielleicht können wir mit dem Verzicht auf etwas Luxus anderen Menschen durch eine kleine Spende ein würdevolles Leben ermöglichen. Wichtig ist dabei, auf die Seriosität der Hilfsorganisationen zu achten – egal, ob es sich um eine kirchliche, staatliche oder karitative Einrichtung handelt. Schließlich soll der Beitrag auch dort ankommt, wofür er gedacht ist.

AUFGABEN >>

1. Was versteht man unter Hilfe zur Selbsthilfe? Nenne drei konkrete Bespiele und erkläre diese genauer.
2. Recherchiere im Internet nach Projekten verschiedener Hilfsorganisationen in Schwarzafrika. Erstelle eine Karte, in die du die einzelnen Aktionen einträgst.
3. Erstelle mit den Ergebnissen deiner Recherche eine Tabelle, in die du die Namen der Organisationen einträgst, das Land nennst und das Projekt beschreibst.
4. Erkundigt euch, ob es an eurer Schule oder in eurer Stadt ein Projekt zur Entwicklungszusammenarbeit gibt.

Hilfe, die ankommt

Krieg, Krankheiten und Katastrophen – in den Nachrichten erscheint Afrika fast durchweg im Zusammenhang mit negativen Meldungen und Ereignissen. Immer wieder werden wir zu Spenden aufgerufen. Meist bringen große Organisationen Geld oder Sachspenden zu den Bedürftigen vor Ort und versuchen durch aktive Hilfe, die Not in den Krisenregionen zu lindern.

Hilfe für Aids-Waisen in Südafrika

Schön ist es, wenn man gemeinsam hilft. Viele Schulen, vielleicht auch deine, machen sich für Menschen in armen Ländern stark. So auch Schülerinnen und Schüler der Dr.-Wintrich-Realschule in Ebersberg. Schon seit Jahren unterstützt die Schulgemeinschaft Aids-Waisen in der Region KwaZulu Natal in Südafrika – aber nicht über eine große Hilfsorganisation. Erich Bayer, der 15 Kilometer von der Realschule entfernt wohnt, hat sich gemeinsam mit seiner Frau der Armen in der Umgebung von Durban angenommen. Beide kennen die Situation vor Ort und pflegen engen Kontakt mit den Schwestern des Dominikanerordens, die sich um hilfsbedürftige Menschen vor Ort kümmern. In dieser Provinz Südafrikas ist ein Großteil der Landbevölkerung bitterarm. Viele sind ohne Arbeit und die Viruskrankheit Aids sorgt dafür, dass das Sterben von jungen Menschen, ja sogar von Kindern und Babys, an der Tagesordnung ist.

Dass ihre Hilfe ankommt, ist den Schülern wichtig. Regelmäßig erhalten sie Post aus Südafrika und Schwester Lidia berichtet, wie die Geldspenden vor Ort verwendet werden. Gemeinsam mit anderen Ordensschwestern und mit dem Ehepaar Bayer entscheiden sie, was vor Ort getan werden muss. Meist fehlen den Menschen dort die einfachen Dinge des Lebens: Nahrungsmittel, Kleidung, Schulmaterial, Geld für den Schulbesuch der Kinder. Und mit dem Geld der Realschüler kann die Not etwas gelindert werden.

67.1 Orientierungskarte

67.2 Familie Bayer übergibt Lebensmittel

67.3 Phumzile, das Patenkind der Schüler aus Ebersberg

Ein Schüler berichtet: „Meine Mitschüler und ich haben in der 7. Klasse erfahren, wie schlimm die Situation der Aids-Waisen in Südafrika ist. Damals haben wir uns dazu entschlossen, ein Patenkind zu unterstützen – mit unserem Taschengeld. Und das klappt sehr gut. In jeder Erdkundestunde geben wir ein Kästchen durch die Reihen, in das jeder, der möchte, eine kleine oder große Taschengeldspende werfen kann. Und jedes Jahr reicht das Geld, um unser Patenkind Phumzile damit zu versorgen. Sie lebt in einem Heim, denn ihr Vater ist bereits an Aids gestorben. Auch ihre Mutter ist infiziert und ihr geht es, wie uns Herr Bayer berichtete, sehr schlecht."

AUFGABEN >>

1. Nenne Hilfsorganisationen, die durch Spenden in Afrika Hilfe leisten.
2. Diskutiert den Vorschlag, als Klasse ein eigenes Patenkind zu versorgen.

67.4 Logos verschiedener Entwicklungshilfeorganisationen

Faszination Afrika

Weitläufige Grasländer, üppige Regenwälder, gewaltige Flüsse – Afrikas Natur hat viel zu bieten. Diese kleine Reise mit sechs spannenden Stationen gibt euch nur einen kleinen Einblick. Die erste Frage könnt ihr mithilfe des Atlas oder eures topographischen Wissens lösen. Die zweite Frage ist etwas für Internetprofis. Schreibt die passenden Antworten in euer Heft und bildet aus den gesuchten Buchstaben das gelbe und das rote Lösungswort.

Ausgangspunkt unserer Afrikareise ist die westlichste Stadt des Kontinents. Hier besuchen wir den rosa schimmernden Lac Rosé. Der See ist sehr salzhaltig, sodass man auf dem Wasser schwimmt. Welche | 5 | ? | ? | ? | ? |
Tiere nennt man auch Wüstenschiffe? | 5 | ? | ? | ? | ? |

In Kinshasa fahren wir mit einem großen Motorboot diesen Fluss hinauf, um die atemberaubende Vielfalt der Tier- und Pflanzenwelt des tropischen Regenwaldes zu bestaunen. Er ist 4400 Kilometer lang und der wasserreichste Fluss Afrikas. | ? | ? | 1 | ? | ? |
Aus welcher tropischen Pflanze wird Vanille gewonnen? | ? | 3 | ? | ? | ? | ? | ? | ? |

Mit dem Flugzeug fliegen wir diesen Fluss entlang, um zu den Victoriafällen zu gelangen. An der Grenze zwischen Simbabwe und Sambia stürzen die Wassermassen 100 m in die Tiefe. | ? | ? | ? | ? | 6 | ? | ? |
Welcher britische Forscher gab den Victoriafällen ihren Namen? | ? | ? | ? | 4 | ? | ? | ? | ? | ? | ? |

Mit dem Jeep geht es zu diesem See. Er ist so groß, dass man das gegenüberliegende Ufer nicht sehen kann. Überall tummeln sich schillernde Wasservögel. Träge liegen Flusspferde im flachen Wasser und Gazellen, Zebras, Gnus und Büffel stillen ihren Durst. | ? | ? | ? | ? | 2 | ? | ? | ? | ? | ? | ? |
Welche Wasservögel müssen rote Krebse fressen, damit ihr Federkleid seine rötliche Farbe erhält? | 2 | ? | ? | ? | ? | ? | ? | ? | ? |

Diesen höchsten Berg Afrikas zu besteigen, ist für viele ein Traum. Durch den tropischen Berg- und Nebelwald muss man sich über Schneefelder bis zum Gipfel kämpfen. Er ist ein aktiver Schichtvulkan, der vor 300 Jahren das letzte Mal ausgebrochen ist. | ? | ? | ? | ? | 3 | ? | ? | ? | ? | ? | ? | ? | ? | ? |
Welcher deutsche Missionar machte den Berg im 19. Jahrhundert bei uns bekannt? | ? | ? | ? | ? | 6 | ? | ? |

In dieser Stadt am Fuße des Tafelbergs interessieren uns die geschichtlichen Ereignisse dieses Landes. Die weiße Regierung unterdrückte die schwarze Bevölkerung und führte eine strikte Rassentrennung (Apartheid) ein, die erst 1994 vollständig aufgehoben wurde. | ? | ? | ? | ? | ? | ? | 4 | ? | ? |
Welcher berühmte schwarze Friedensnobelpreisträger trug maßgeblich zur Abschaffung der Apartheid bei? | ? | 1 | ? | ? | ? | ? | ? |

4 Orient

Kamelkarawane am Stadtrand von Dubai

Der Orient im Überblick

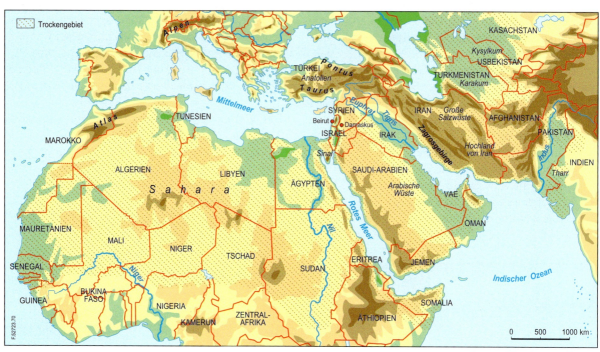

72.1 Physische Karte des Orients

72.2 Rekorde des Orients

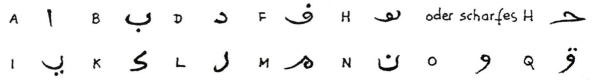

72.3 Arabische Schriftzeichen

Woher kommt der Begriff „Orient"?

Das Wort „Orient" bedeutet soviel wie „Land des Sonnenaufgangs" (Morgenland). Darunter verstand man in der Antike die Gebiete, die vom Mittelmeer aus gesehen im Osten lagen. Demgegenüber wurden die westlich vom Mittelmeer gelegenen Räume als Abendland, also als "Land der untergehenden Sonne" oder auch als Okzident bezeichnet. Die räumliche Abgrenzung des Orients ist jedoch nicht eindeutig. So hat sich im Laufe der Geschichte die Zugehörigkeit von Gebieten zum Orient immer wieder verändert. Heute umfasst der Orient den Norden Afrikas sowie den Südwesten Asiens. Mit einer Fläche von rund 13,5 Millionen km² ist dieses Gebiet größer als Europa (10,5 Mio. km²).

Zahlreiche Begriffe, die du aus dem Alltag kennst, stammen aus dem Orient (z.B. Benzin, Aprikose oder Zenit).

Dort wurden viele Dinge entwickelt, die wir noch heute nutzen. So erfanden die Hochkulturen des Orients einen Kalender (> S. 30), setzten Grundlagen in der Geometrie und entwickelten Schrift- und Zahlzeichen. Bis heute nennt man unsere Zahlen offiziell „arabische Ziffern".

Doch trotz seiner Größe und Vielgestaltigkeit weist dieser Raum viele gemeinsame und typische Merkmale auf:

- Der Orient liegt hauptsächlich im subtropischen Trockengürtel.
- Schon früh entwickelten sich hier Hochkulturen der Menschheit, zum Beispiel in Ägypten.
- Im Orient entstanden drei bedeutende Weltreligionen: Islam, Christentum und Judentum.
- Der Islam ist die bestimmende Religion und zugleich in mehreren Ländern Staatsreligion.

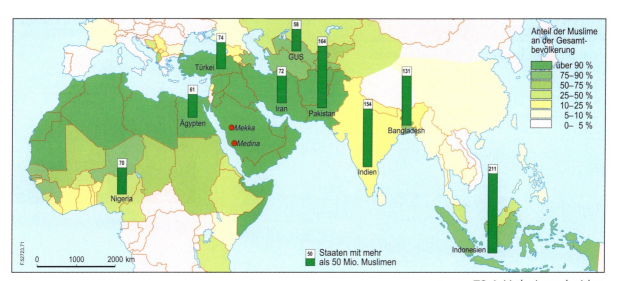

73.1 Verbreitung des Islam

AUFGABEN >>

1. Welche Staaten gehören zum Kulturraum Orient? Notiere auch die dazugehörigen Hauptstädte (Atlas, Abb. 72.1).
2. Löse das Rätsel „Rekorde des Orients" (Abb. 72.2). Bringe die Lösungsbuchstaben in die richtige Reihenfolge. Das Lösungswort ist ein Hauptmerkmal des Kulturraumes Orient.
3. In welchen Ländern gehört ein Großteil der Bevölkerung dem Islam an? (Abb. 73.1)
4. Welche orientalischen Erfindungen kennen wir noch heute? Kennst du weitere Errungenschaften?
5. Schreibe deinen Namen auf Arabisch.

74.1 Die Kaaba in Mekka während des Ramadan

Der Islam als Wegweiser im Alltag

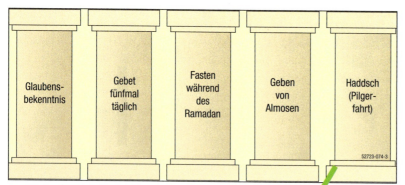

74.2 Pilger in Mekka

Tagebucheintrag eines Haddsch: „Seit ich denken kann, habe ich auf diese Reise gewartet. Jahrelang habe ich gespart. Junis, mein Cousin, konnte sich zunächst eine Pilgerreise nicht leisten. So hat die ganze Familie für ihn mitgespart. Auch ich gab ihm Geld dafür. Und jetzt stehen wir hier inmitten der Massen am Fuß des Ararat. 2,5 Millionen Pilger haben sich hier eingefunden. Oh, Allah, wir sind endlich hier! Wenn ich es recht im Kopf habe, legten wir auf unserer Reise von Dakar über Rabat, Algier, Tunis, Alexandria und Kairo 8 000 Kilometer zurück. Wie schnell die vier Wochen der Reise vergangen sind … Es gab Momente, an denen glaubte ich, wir würden nie ankommen. Gerade der lange Fußmarsch in die Stadt Mekka bei Staub und Hitze hat mir zugesetzt. Doch der Lohn für die Entbehrungen ist unvorstellbar. Damit haben wir nun auch die fünfte Säule des Islam erfüllt. Ich bin ein Haddsch!"

74.3 Die fünf Säulen des Islam

AUFGABEN >>

1. Nenne die fünf Säulen des Islam. Erkläre, weshalb die verschiedenen Glaubensregeln als Säulen bezeichnet werden.
2. Welche Glaubensregeln im Christentum entsprechen den Säulen des Islam?
3. Finde mithilfe des Atlas die Reiseroute der beiden Pilger heraus. Welche Länder haben sie durchquert?

Muslimische Mitbürger bei uns in Deutschland

Die Regensburger Schüler Deniz, Ekrem und Ugur sind Kinder türkischer bzw. mazedonischer Eltern. Sie sind in Bayern geboren und haben einen deutschen Pass. Ihre Familien leben bereits seit zwei bzw. drei Generationen in Deutschland. Die drei haben also fremdländische Wurzeln (Migrationshintergrund), sind aber in Deutschland aufgewachsen.

Warum kamen ihre Vorfahren nach Deutschland? Die deutsche Wirtschaft erlebte in den 1960er-Jahren einen großen Aufschwung. Vor allem in der Industrie und im Bergbau fehlte es an Arbeitskräften. Deshalb wurden in ganz Europa sogenannte Gastarbeiter angeworben. Weil in ihren eigenen Ländern hohe Arbeitslosigkeit herrschte, reisten sie in der Hoffnung auf bessere Verdienstmöglichkeiten nach Deutschland und unterstützten mit ihrem Lohn ihre Familien in der Heimat. Viele der angeworbenen Kräfte stammten aus der Türkei.

„Mein Vater ist vor 30 Jahren hierher gekommen, um Arbeit zu finden. Heute führen wir eine Pizzeria bei Regensburg", meint die 17-jährige Deniz. Ugurs Familie lebt seit drei Generationen in Bayern. Sein Großvater kam in den 1960er-Jahren als Gastarbeiter hierher. Als in den 1970er-Jahren das Wirtschaftswachstum nachließ, stoppte die deutsche Regierung die Anwerbung neuer Gastarbeiter. Viele Menschen blieben aber, denn sie waren mittlerweile hier heimisch geworden. So holte auch Ugurs Opa im Lauf der Jahre seine Familie nach.

Von den 82 Millionen Einwohnern Deutschlands haben 14 Millionen einen Migrationshintergrund. 6,7 Millionen davon haben keine deutsche Staatsbürgerschaft, sie sind ausländische Mitbürger. Mit etwa 1,7 Millionen stellt die türkische Bevölkerung den größten Ausländeranteil.

Führen Deniz, Ekrem und Ugur ein anderes Leben? Nein. Im Grunde leben sie so wie ihre deutschen Freunde. Fast genau so. Ein großer Unterschied zeigt sich vor allem in ihrer muslimischen Erziehung. Ugur, der als 12-Jähriger eine Koranschule besuchte, betont, dass für ihn das Leben nach den Grundsätzen des Islam selbstverständlich sei. Deniz sieht den Unterschied zu Gleichaltrigen vor allem in der strengeren Erziehung: *„Ich war noch nie in der Disco und muss zu festen Zeiten zu Hause sein."* Auch Ekrem meint, dass muslimische Mädchen weniger dürften als Jungen. Ob sie einmal in die Türkei ziehen wollen? *„Ich weiß nicht. Allein wegen der Ausbildung möchte ich das nicht"*, meint Deniz. *„Es wäre eine Entwurzelung für mich"*, sagt Ekrem nachdenklich.

75.1 Deniz, Ekrem und Ugur

AUFGABEN >>

1. Nenne Gründe, warum die Vorfahren der Jugendlichen nach Deutschland gekommen sind.
2. Überlege weitere Ursachen, weshalb Menschen ihr Heimatland verlassen.
3. Erkläre Ekrems Aussage, eine Rückkehr in die Türkei wäre eine Entwurzelung für ihn.
4. Vergleiche deine Familiengeschichte und deinen Alltag mit dem der drei Jugendlichen. Welche Gemeinsamkeiten und Unterschiede stellst du fest? Welche Rolle spielt die Religion in deinem Alltag?

75.2 Am 21.4.2008 wurde in Ingolstadt Bayerns bislang größte Moschee eröffnet.

Herzlich willkommen in Damaskus – in einer typisch orientalischen Stadt

Antonia macht mit ihren Eltern eine Reise nach Syrien. Als sie die Hauptstadt Damaskus besuchen, ist sie von den vielen Eindrücken begeistert. Aber eines versteht sie nicht: Warum haben die Häuser zur Gassenseite keine Fenster? Im Reiseführer findet sie die Erklärung dafür.

> „Ich will kurz festhalten, wie unser Viertel hier aussieht. Unsere Straße ist ziemlich schmal. Sie liegt im Ostteil der Stadt Damaskus. ... Die Häuser sind aus Lehm gebaut. In jedem leben mehrere Familien, und jedes Haus hat einen Innenhof, der allen Nachbarn gehört, sie zusammenbringt und streiten lässt. Das Leben der Erwachsenen findet in den Innenhöfen statt. Die Straße gehört uns Kindern, den Bettlern und fliegenden Händlern."
>
> (aus: Rafik Schami: Eine Handvoll Sterne, Carl Hanser Verlag, München 2006)

Die Medina

Beginnen Sie Ihren Rundgang am Bab Touma in der nordöstlichen Medina und lassen Sie sich durch die Gassen d[es] Wohnviertels treiben. Die hohen, weiß getünchten Häus[er] lassen keinen Blick ins Innere zu. Denn der Koran schrei[bt] vor, dass Reichtum nicht gezeigt und Fremden kein Einblic[k] in das Privatleben gewährt werden dürfe. Auch sollen d[ie] Frauen vor den Blicken Fremder bewahrt werden. Mit etw[as] Glück erhaschen Sie aber durch zufällig geöffnete Hofto[re] einen Einblick in malerische Innenhöfe. Diese sind willkom[m]ene Oasen der Stille in der hektischen Altstadt, der Medin[a]. Manche von ihnen sind ehemalige Karawansereien, die in d[er] Blütezeit des Nomadenhandels als Rast- und Handelsplät[ze] dienten. In westlicher Richtung gelangen Sie zum Souk Hamidiyeh, dem Hauptbazar der Stadt. Aber Achtung: Verla[u]fen Sie sich nicht in den unzähligen engen Gassen, die sic[h] verästeln und oft als Sackgasse enden. Diese Bauweise schüt[zt] die Bewohner vor der sengenden Hitze und Sandeinw[e]hungen aus der Wüste. In der Nähe des Bazars steht die g[e]waltige Umayyaden-Moschee. Bazar und Moschee bilden se[it] jeher den Lebensmittelpunkt der Stadt. Rund 500 Meter we[i]ter südwestlich erhebt sich die Zitadelle. Der Sitz des Her[r]schers ist typischerweise außerhalb der Altstadt auf eine[m] Hügel erbaut und zeigt die Macht des Fürsten.

76.1

76.2–5

Die moderne Stadt

„Jannat al-Ard" – das Paradies auf Erden. So lautet der Beiname der 6000 Jahre alten Oasenstadt Damaskus. Heute leben hier zwei Millionen Menschen. Täglich pendeln eine Million Menschen zur Arbeit in die Stadt. Rund um die Medina zeigt Damaskus sein modernes Gesicht – das einer ausufernden modernen Großstadt.

Das neue Stadtzentrum westlich der Altstadt ist ein modernes Dienstleistungszentrum. Hier findet man auf engem Raum Banken und Wechselstuben, Reisebüros und vieles mehr. Paradiesisch wirken in der Damaszener Neustadt vor allem die übervollen bunten Auslagen der Designer- und Schmuckläden in den Nobelgeschäftsstraßen. Auch prägen herausgeputzte Kneipen, Fastfood-Restaurants und Internetcafés das Straßenbild. Wohn-, Industrie- und Gewerbegebiete schießen wie Pilze aus dem Boden. Dennoch ist Wohnraum in der schnell wachsenden Metropole Mangelware. Und so weitet sich die Stadt am Fluss Barada entlang immer mehr in Richtung der Oase aus. Vor allem die Wasserversorgung des Ballungsraumes dürfte in Zukunft ein Problem werden.

Für Syrien ist die Hauptstadt Damaskus nicht nur wegen des Flughafens ein wichtiger Verkehrsknotenpunkt. Sie liegt auch an zentralen Verkehrswegen zu bedeutenden Städten wie Aleppo, Bagdad (Irak), Mekka (Saudi-Arabien) oder Beirut (Libanon).

77.1 In der Medina

AUFGABEN >>

1. Verorte Damaskus im Atlas und erkläre seine Bedeutung als Verkehrsknotenpunkt.
2. Nenne die typischen baulichen Merkmale einer orientalischen Stadt.
3. Was verbirgt sich jeweils hinter den abgebildeten Orten (Abb. 76.2 –5)? Ordne zu. Der Stadtplan (Abb. 77.2) hilft dir dabei.
4. Durch welche Faktoren werden der Grundriss der Altstadt und die Bauweise der Häuser beeinflusst?

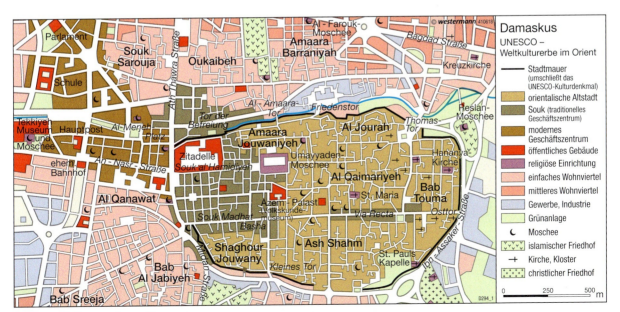

77.2 Stadtplan von Damaskus

Erdöl – das schwarze Gold

Aus einem Lexikon: Wie entsteht Erdöl?

Erdöl entsteht aus kleinsten Meereslebewesen, dem *Plankton*. Ein Teil des abgestorbenen Planktons sinkt auf den Meeresboden und wird von Schlick überlagert. Dadurch gerät es unter Luftabschluss und kann nicht verwesen. Es entsteht daraus *Faulschlamm*. Dieser wird durch Bakterien, die ohne Sauerstoff leben können, zu *Bitumen* (Erdöl mit hohem Wasseranteil) umgewandelt. Durch weitere Ablagerung von Sinkstoffen oder durch Auffaltungen in der Erdkruste werden die Deckschichten immer mächtiger (teilweise bis zu 1 000 Meter). Gleichzeitig erhöhen sich mit zunehmender Tiefe der Druck und die Temperatur. Aus dem Bitumen entstehen so im Laufe von Jahrmillionen *Erdöl* und *Erdgas*.

Das Gestein, in dem diese Vorgänge ablaufen, nennt man *Muttergestein*. Es handelt sich dabei um wasserundurchlässige Schichten (z. B. Ton). Durch den gewaltigen Druck der auflagernden Sedimente werden Öl und Gas jedoch aus dem Muttergestein in poröse, wasserdurchlässige Gesteine (z. B. Sandstein oder Kalk) gepresst. In diesen *Speichergesteinen* verteilt sich das Öl wie Wasser in den Poren eines Schwamms. Eine Lagerstätte entsteht aber erst dann, wenn sich eine große Menge Öl oder Gas in einer *Erdölfalle* ansammelt, wobei das Öl führende Speichergestein von undurchlässigen Schichten umschlossen wird. Da Erdgas leichter als Erdöl ist, steigt es in den oberen Teil des Speichergesteins und liegt dadurch oft wie eine Kappe auf dem Erdöl. Das Wasser sinkt dagegen nach unten.

78.2 *Pferdekopfpumpe*

Wie kommt das Erdöl an die Erdoberfläche?

Überall dort, wo man Erdöllagerstätten vermutet, werden Probebohrungen gemacht. Dies ist sehr teuer und zeitaufwändig, da die Lagerstätten oft in großer Tiefe liegen. Wenn die Untersuchung der Bohrkerne Hinweise auf Erdöl ergibt, kann mit der Förderung begonnen werden. Bei entsprechendem Druck des Erdgases im Speichergestein steigt das Öl „von allein" an die Erdoberfläche. Reicht der Gasdruck nicht aus, wird das Öl mithilfe sogenannter Pferdekopfpumpen aus der Lagerstätte gepumpt oder durch Einpressen von Wasser oder heißem Dampf aus dem Speichergestein herausgetrieben.

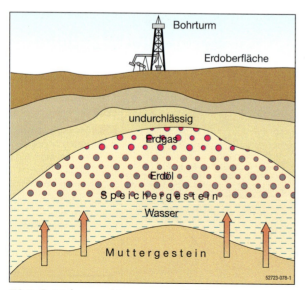

78.1 *Entstehung und Lagerung von Erdöl*

AUFGABEN >>

1. Fasse in eigenen Worten die Entstehung von Erdöl zusammen. Du kannst dich an den kursiv gedruckten Begriffen im Lexikonartikel orientieren.
2. In welchen Ländern des Orients gibt es Erdölvorkommen? Arbeite mit dem Atlas.
3. Welche Möglichkeiten gibt es, das Erdöl an die Erdoberfläche zu befördern?
4. Warum wird Erdöl auch als das „wichtigste Handelsgut der Welt" bezeichnet? Informiere dich, was alles aus Erdöl hergestellt wird.

Warum ist Erdöl eigentlich so teuer?

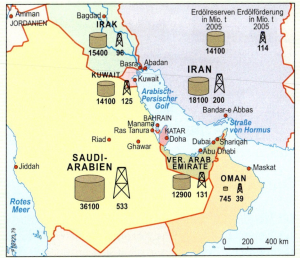

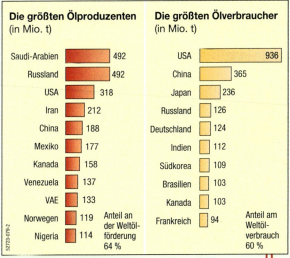

79.1 Vorräte und Förderung von Erdöl

79.2 Die größten Ölproduzenten und -verbraucher (2008)

Viele Lebens- und Wirtschaftsbereiche sind vom Erdöl abhängig. Seine Verfügbarkeit und sein Preis sind entscheidend für die wirtschaftliche Entwicklung. Doch Erdöl ist ein endlicher Rohstoff. Wie die Preise anderer Rohstoffe, so schwankt auch der des Erdöls. Er wird durch Angebot und Nachfrage bestimmt. Zum Beispiel steigt der Preis, wenn die Fördermenge gesenkt oder mehr Erdöl verbraucht wird. Weiterhin beeinflussen politische Ereignisse den Preis (vgl. Abb. 79.3). Ein zu hoher Erdölpreis ist aber nicht nur für den Käufer schlecht, sondern auch für den Verkäufer: Denn wenn der Preis zu stark ansteigt, dann müssen die **OPEC-Länder** (= Organisation Erdöl exportierender Länder) damit rechnen, dass ihre Konkurrenz (z.B. Kanada) die Förderung ausweitet. Außerdem wird es für die Verbraucherländer interessanter, Erdöl zu sparen oder zu ersetzen.

AUFGABEN >>

1. Nenne die fünf Länder des Orients mit den größten Erdölvorkommen (Abb. 79.1) und erstelle eine Rangfolge.
2. Berechne mithilfe von Abb. 79.2 den Erdöl-Pro-Kopf-Verbrauch in Deutschland (82 Mio. Einwohner).
3. Erkläre die Ölpreisentwicklung (Abb. 79.3).

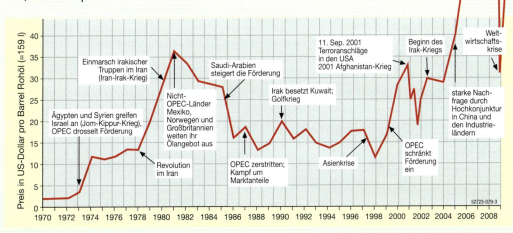

79.3 Entwicklung des Rohölpreises

80.1 Dubai um 1970

80.2 Der Burj Chalifa, das höchste Haus der Erde

Dubai – Luxus im Wüstensand

Die Vereinigten Arabische Emirate (V.A.E.) bestehen aus sieben Emiraten (Provinzen), die sich 1971 zusammenschlossen, um wirtschaftlich im Bereich der Ölförderung und des Ölhandels zu kooperieren.
Eines dieser Emirate ist Dubai, das durch seine außergewöhnlichen Bauprojekte weltweit bekannt wurde. Erdöl – das schwarze Gold – verhalf dem Emirat in den letzten Jahrzehnten zu großem Reichtum. Hier wurde bereits früh erkannt, dass die Ölreserven endlich sind und damit langfristig auch andere Einkommensquellen vonnöten sein würden. Deshalb förderte das Emirat vor allem den Tourismus und das Bankenwesen. Erwirtschaftet wird das Sozialprodukt in Dubai vor allem von Gastarbeitern.
Findige Unternehmer aus aller Welt entwickelten die unglaublichsten Projekte und Bauvorhaben, die heute jährlich rund fünf Millionen Touristen ins Land locken. Mitten in der Wüste gelegen, muss Dubai für die Wasserversorgung auf den Persischen Golf zurückgreifen. Das in einer riesigen Entsalzungsanlage brauchbar gemachte Wasser dient nicht nur als Trinkwasser, sondern auch zur Befüllung der zahlreichen Swimmingpools sowie zur Bewässerung von Parks und Golfplätzen. Es scheint unglaublich: Der Wüstenstaat hat den weltweit höchsten Wasserverbrauch pro Einwohner!

80.3

Ein pakistanischer Bauarbeiter berichtet:
„Ich lebe seit einem Jahr am Rande Dubais. Insgesamt sind 85 % der Bevölkerung hier Gastarbeiter wie ich. Die meisten der rund 500 000 Arbeiter kommen aus Indien oder Pakistan. Fast 1800 Dollar habe ich für Flug, Visum und einen Gesundheitstest gezahlt. Ich habe gehofft, hier reich zu werden. Doch das bin ich bis heute nicht. Die Lebensbedingungen sind hart: Ich erhalte geringen Lohn für meine schwere Arbeit. Mit acht anderen Arbeitern lebe ich in einer kleinen schmutzigen Unterkunft. Fast alle von uns sind Männer. Mir fehlt meine Familie zu Hause sehr, aber sie ist auf das Geld, das ich monatlich nach Hause schicke, angewiesen. Solange ich in meiner Heimat keine besseren Verdienstmöglichkeiten habe, bleibe ich hier. Wir sind nur zum Arbeiten erwünscht, mehr nicht."

AUFGABEN >>

1. Verorte die abgebildeten Großprojekte von Dubai in der Karte. Berechne mithilfe des Maßstabes die Ausmaße dieser Bauwerke.
2. Suche weitere große Bauwerke. Recherchiere im Internet nach Bildern und weiteren Informationen zu den Bauten.
3. Erkläre, welche Probleme sich durch die verschwenderische Lebensweise in Dubai ergeben könnten.
4. Beschreibe die Lebensumstände der Bauarbeiter in Dubai.

81.1 Hotel Burj al Arab

81.2 „The World"

Das *Burj al Arab* ist eines der luxuriösesten Hotels der Welt. Nicht nur das: Es ist mit 321 Metern auch das höchste Hotel. Damit ist es nur drei Meter niedriger als der Pariser Eiffelturm! 18 Aufzüge führen in insgesamt 60 Stockwerke. Gebaut wurde das Gebäude mit der Form eines Segels zwischen 1994 und 1999.

Am 10.1.2008 war sie fertig: „The World" – ein durch 300 künstlich aufgeschüttete Inseln erstellter Nachbau der Erde (Kosten: 7,6 Mrd. US-Dollar). Die einzelnen Inseln sind zwei bis vier Hektar groß und nur per Schiff oder über den Luftweg erreichbar. Voraussichtlich sollen hier einmal 150 000 Menschen leben.

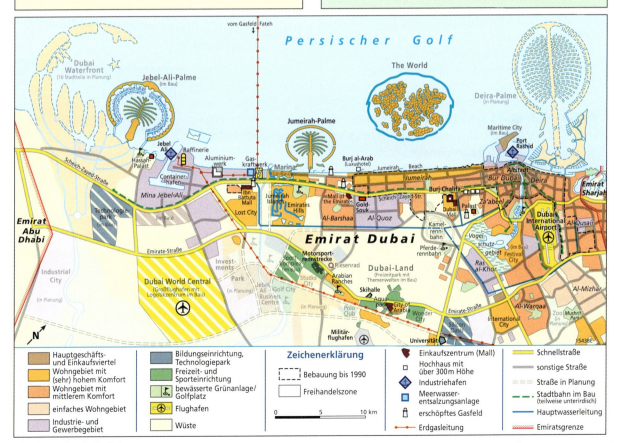

81.3 Die Stadt Dubai

Die Vereinigten Arabischen Emirate planen das „Über-Morgenland"

Daimler will mit Öl-Dollars Elektroautos bauen
Berlin – Das Emirat Abu Dhabi steigt bei dem Stuttgarter Autokonzern Daimler ein und wird damit der größte Einzelaktionär. Rund 17 Prozent des Konzerns sind mittlerweile im Besitz arabischer Staaten. Neben Abu Dhabi (9,1 Prozent) hat auch Kuwait (6,9 Prozent) Anteile an Daimler. Für knapp zwei Milliarden Euro frisches Kapital erwarten die Araber aber Gegenleistungen. Daimler soll zum Beispiel für das Elektroauto alternative Techniken entwickeln und Ingenieure am Golf ausbilden.

Aus einer Rede eines Managers von Solar Technologies in Dubai:
„Im November 2008 wurde auf einem Fabrikgelände von 100 000 Quadratmetern der Grundstein für unsere Firma gelegt. Unsere Ingenieure haben leistungsstarke Sonnenkollektoren entwickelt. Mit einem Durchmesser von 5,7 Metern sind sie bislang weltweit die größten. Momentan erforschen wir, wie viel Energie unsere Sonnenkollektoren liefern und wie wir sie verbessern können.
Unser Ziel ist es, in naher Zukunft einen Teil des Energiebedarfs Dubais durch umweltfreundliche Energie zu decken. Natürlich wollen wir auch unsere Fabrik vergrößern. Von Dubai Solar Technologies soll es bis 2015 Niederlassungen in Mexiko, China und Bulgarien geben. Damit steht der Name Dubai bald weltweit für umweltfreundliche Energien!
Heute werden nur noch 6 Prozent des Bruttoinlandproduktes durch den Handel mit Öl erwirtschaftet. Vor dreißig Jahren waren es noch 50 Prozent! Diese Entwicklung ist gut. Denn wir wissen: Unsere Quellen werden in absehbarer Zeit versiegen. Unsere Solaranlagen leisten einen wichtigen Beitrag dazu, die arabische Wirtschaft aus der Abhängigkeit von Gas und Öl herauszuführen – in eine weiterhin erfolgreiche Zukunft."

Dubai plant, Energie aus Abfall zu gewinnen
Wenn die Energieträger Gas und Öl in Zukunft irgendwann nicht mehr zur Verfügung stehen, muss Dubai auf neue Energieträger setzen. Zur Zeit wird gerade die Müllverbrennung zur Gewinnung nutzbarer Energie in Betracht gezogen.

**Unvorstellbarer Luxus:
Das Emirates Palace*******
Sterne: 7
Zimmeranzahl: 302; Suiten: 92
Zimmergröße: bis 55 m²
Preise pro Person im DZ: ab 1665 €
Besonderheit: 60 m hohe
Kuppel aus Gold**

Das Emirates-Palace als Wahrzeichen des neuen Abu Dhabi
Zwei Jahre nach seiner Eröffnung hat sich das erste 7-Sterne-Hotel „Emirates-Palace" als neues Wahrzeichen Abu Dhabis etabliert. Weitere 25 Fünf-Sterne-Hotels sind geplant.

Dubais Wüste wird Naturschutzgebiet
Das Dubai Desert Conservation Reserve ist das erste Naturschutzgebiet in den VAE, das auf einer international anerkannten Liste steht.

Dubai will Strom- und Wasserverbrauch verringern
Dubai will endlich etwas gegen den immensen Verbrauch von Strom und Wasser im Land unternehmen.

Luxus und Kultur in der Wüste
Die Emirate Abu Dhabi und Dubai planen weitere Luxushotels und holen international hochkarätige klassische Kunst in ihre Museen.

Der größte Flughafen der Welt
Dubai – Mit 130 Millionen Passagieren jährlich soll der Dubai World Central Al Maktoum International Airport der weltweit größte Flughafen werden. Seinen Namen hat er von Dubais Herrschergeschlecht Al Maktoum, einer der reichsten Monarchenfamilien der Welt. Ein erster Teilabschnitt des Projekts, das sechs Landebahnen und sechs Terminals umfassen soll, wurde 2009 eröffnet.

Alles vorbei in Dubai?
Aufgrund der weltweiten Finanzkrise im Jahr 2009 sind manche „Zukunftsträume" der arabischen Ölscheichs buchstäblich zerplatzt. So wurde der schon begonnene Bau des weltweit höchsten Turmes gestoppt, im Frühjahr wurden einige Etagen des Hotels Burj al Arab wegen ausbleibender Gäste stillgelegt. Luxusimmobilien auf den Inseln vor Dubai finden in der Krise keine Käufer mehr, sodass deren Kaufpreise in kurzer Zeit um 40 % sanken.

AUFGABEN >>

1. „Die Vereinigten Arabischen Emirate planen das Über-Morgenland". Erkläre diese Aussage der Süddeutschen Zeitung (24. März 2009).
2. Diskutiert, warum die VAE ihre Wirtschaftsformen verändern müssen und nennt Bereiche, in denen Veränderungen geplant sind.
3. Erkläre, wodurch es den Emiraten möglich ist, in neue Wirtschaftszweige zu investieren. Vor welchen Problemen stehen die VAE im Jahr 2009?
4. Informiere dich im Internet über weitere Projekte und die Entwicklung Dubais.

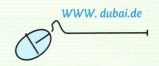

WWW. dubai.de

84.1 Während der Wüstentour

84.2 In den Bergen der Al-Hamadah al Hamra

Der Stoff, aus dem die Wüsten sind …

„So habe ich mir das aber nicht vorgestellt", stöhnt Karin. Sie und ihre Freunde nehmen an einer Wüstentour in Libyen teil. Nachdem sie am Vorabend von Tripolis hierher gefahren waren, sind sie schon frühmorgens zu einem Felsgipfel in den Bergen der Steinwüste Al-Hamadah al-Hamra aufgebrochen. Trotz atemberaubender Aussicht ist Karin enttäuscht: „Wo man hinblickt, sind nur Steine und Felsen. Ich dachte, die Wüste besteht aus Sand." „Die Sandwüste schon. Aber sie macht nur ein Fünftel der Sahara aus. Wir sind hier in der Stein- oder Felswüste. In unserer Sprache heißt sie **Hamada**", meint der Beduine Faris, der die Gruppe auf ihrer Tour führt. Ein anderer Tourist entgegnet: „Der Ausblick ist doch toll! Und sonniges Wetter haben wir auch noch erwischt!" „In der Wüste scheint doch immer die Sonne", erwidert Karin. „Nein, das stimmt so nicht!", widerspricht ihr Faris. „Hier sind schon mehr Menschen ertrunken als verdurstet. In der Wüste regnet es zwar äußerst selten – aber wenn, dann fällt heftiger Starkregen. Dann werden aus den ausgetrockneten Flussbetten, den Wadis, reißende Flüsse. Die nehmen sogar große Steinbrocken aus der Hamada mit sich."

Er erklärt weiter: „Nachts kann es hier übrigens ganz schön unbequem werden. Auch wenn das Thermometer tagsüber auf bis zu 50°C klettert – nachts gibt es oft Minusgrade. Die Temperaturunterschiede sind übrigens der Grund dafür, dass das Gestein durch ständiges Ausdehnen und Zusammenziehen mürbe wird und schließlich in immer kleinere Teile zerbricht. Dort am Gebirgsfuß könnt ihr die vielen Trümmer sehen."

Die Tour geht weiter. Nachdem die Gruppe die Hamada hinter sich gelassen hat, fahren sie kilometerweit durch flaches Land. Anfangs geht es nur langsam voran, da scharfkantiges Geröll den Reifen der Jeeps zusetzt und die Gruppe immer wieder auf andere, schon eingefahrene Trampelpfade ausweichen muss. Kies und Geröll säumen nun den Weg. Faris weist die Gruppe darauf hin, dass in diesem Gebiet runde neben kantigen Steinen liegen. Er erklärt: „Wir befinden uns

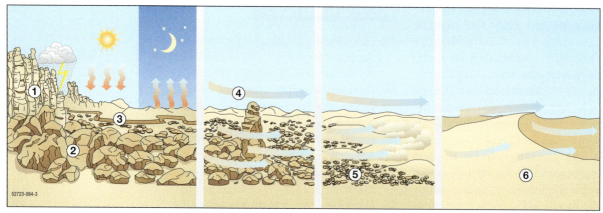
84.3 Formen der Wüste

85.1 Karins Weg durch die Wüste Libyens

85.2–4 Unterschiedliche Wüstenlandschaften

mittlerweile in der Kies- und Geröllwüste. Im Arabischen heißt diese Wüstenform **Serir**, was ‚flache Senke' bedeutet. Ihr könnt in der Serir in die Vergangenheit der Erdgeschichte blicken. Sie ist vor langer Zeit entstanden, als hier noch feuchtes Klima herrschte. Damals spülten die Flüsse Steine an. Im Lauf der Jahre wurden sie dann vom Wasser abgerundet. Die spitzen Steine stammen aus anderen Gebieten der Wüste. Wenn starker Wind sie über weite Strecken voranschiebt, werden sie durch das ständige Zusammenprallen zerkleinert und kantig geschliffen. Aber lasst uns ins Übernachtungscamp nach Sabha aufbrechen. Morgen geht es ganz früh los in Richtung Murzuq. Dort seht ihr dann endlich Sand, soweit das Auge reicht!"

Am nächsten Tag staunt Karin nicht schlecht, als sie ihren Blick über die endlose Dünenlandschaft der Sandwüste schweifen lässt. „In der **Erg** hat der Wind ganze Arbeit geleistet!", erläutert Faris. „Die starken Wüstenwinde blasen feine Sandkörner aus der Serir aus und häufen sie zu Dünen auf. Der Wind, der meist aus einer Richtung bläst, treibt die Sandkörner auf den oberen Rand der Düne, wo sie an der steilen Stelle herabfallen: So wandert die Düne mit der Zeit."

AUFGABEN >>

1. Erstelle eine Tabelle, in der du zu den drei Wüstenarten ihre Beschaffenheit und die arabische Bezeichnung angibst.
2. Ordne die Abb. 85.2–4 den unterschiedlichen Wüstenarten zu. Begründe deine Meinung.
3. Finde im Kartenausschnitt (Abb. 85.1) die Wüstenroute der Touristen.
4. Ordne in Abb. 84.3 den Ziffern 1 bis 6 folgende Fachbegriffe zu: Gebirge, Serir, Erg, Hamada, Wadi, Wind.

86.1 Stockwerkbau (links) **86.2** Oase

Oasen – grüne Perlen in der Wüste

Oasen sind Stellen in der Wüste, an denen es Wasservorkommen und somit auch ein üppiges Pflanzenwachstum gibt. Oasen bilden daher ganzjährig grüne Inseln in der sonst äußerst kargen Wüste. Im Vergleich zum umgebenden Trockenraum sind Oasen sehr klein und treten nur verstreut auf. Weil das zur Verfügung stehende Wasser sehr kostbar ist, werden die Oasenfelder in mehreren „Stockwerken" genutzt: Am Boden finden wir Gemüsebeete oder Getreideanbau, dann folgen niedrig wachsende Obstbäume und über allem thronen hochwüchsige, weitausladende Dattelpalmen (Abb. 86.2), die zudem als Schattenspender gute Dienste leisten.

Da die bewässerten Flächen sehr wertvoll sind, werden die Siedlungen außerhalb des bewässerten Gebietes angelegt (Abb. 87.1). Abhängig vom Vorkommen und von der Förderung des Wassers gibt es unterschiedliche Oasentypen (Abb. 86.4).

 Versuch zum artesischen Brunnen

Benötigte Materialien: Gartenschlauch (ca. 50 cm), Trichter, Zahnstocher, spitzes Messer

So wird es gemacht: Bohre in die Mitte des Schlauches ein kleines Loch. Verschließe es mit dem Zahnstocher. Gieße Wasser in den Trichter, bis der Schlauch gefüllt ist. Was passiert, wenn der Zahnstocher herausgezogen wird?

86.3

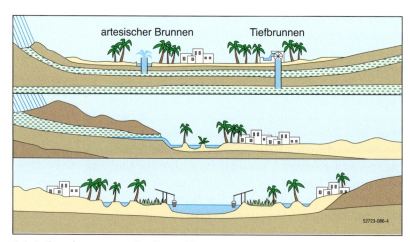

86.4 Grundwasseroase, Quelloase, Flussoase

Die Oase Douz

Bis in die Mitte des 20. Jahrhunderts war die südtunesische Oase Douz eine wichtige Station an einer Handelsstraße durch die Sahara. Die Nomaden mit ihren Karawanen rasteten hier auf ihrem Weg durch die Wüste und tauschten oder verkauften ihre mitgeführten Waren. Mit dem Aufkommen des motorisierten Verkehrs ging jedoch die Bedeutung als Raststation und als Handelsplatz zwischen den Nomaden und den Oasenbauern stark zurück.

Viele, vor allem junge, Oasenbewohner suchten neue Erwerbsmöglichkeiten in den Städten oder im Ausland. Dadurch konnte der arbeitsintensive Stockwerkanbau nicht mehr beibehalten werden. Die Bauern stellten ihre Produktion auf Viehhaltung und Dattelproduktion in **Monokultur** um. Allerdings schwand die ursprüngliche Bedeutung der Dattelpalme als „Lebensgrundlage" der Oasenbewohner. Die verbesserte Verkehrsanbindung ermöglichte den Transport anderer Nahrungsmittel und Baumaterialien in die Oase.

Erst Ende der 1980er-Jahre nahm die Bevölkerung in Douz wieder zu. Ein Grund für die Rückkehr der Menschen war die Entwicklung des Tourismus. Dessen Hauptattraktionen sind der wöchentliche Markttag, das einmal im Jahr stattfindende „Saharafestival" und eine große Sanddüne vor der Oase. Hier wurden auch mehrere Luxushotels mit Pool und Klimaanlage gebaut. So konnten viele Arbeitsplätze geschaffen werden.

Probleme bereiten der Oase dagegen der zunehmende Wassermangel (Abb. 87.2), die Müllentsorgung und der Verkehr. Früher gab es um die Düne eine Schutzzone, in der Motorfahrzeuge verboten waren. Heute dagegen kommen viele Touristenbusse sowie Jeeps, und täglich besteigen Dutzende von Touristen die Düne.

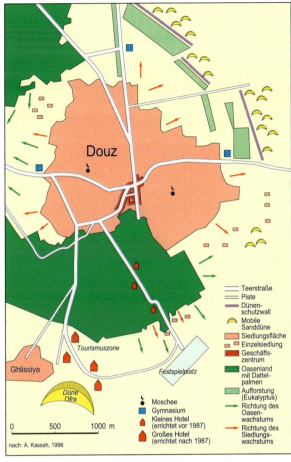

87.1 Die Oase Douz

87.2 Hotelpool in Douz

AUFGABEN >>

1. Nenne mithilfe des Atlas je eine Oase in fünf unterschiedlichen Ländern des Orients.
2. Beschreibe die Funktionsweise der unterschiedlichen Oasentypen (Abb. 86.4).
3. Erstelle eine Liste der traditionellen Nutzungsmöglichkeiten der Dattelpalme. Informiere dich dazu im Internet oder einem Lexikon.
4. Erläutere die Entwicklung und das heutige Aussehen der Oase Douz (Abb. 87.1).
5. „Die Touristen zerstören genau das, was sie suchen!" Was ist mit dieser Aussage gemeint?

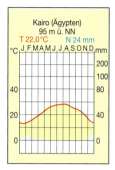
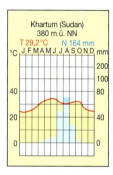
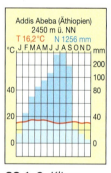

88.1–3 Klimadiagramme

88.4 Niloase

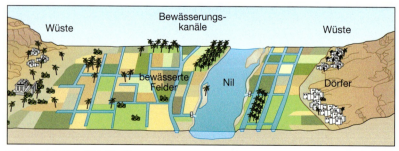

88.5 Das Niltal im Profil

Flussoase Nil

Bereits im Altertum bezeichnete Herodot, ein griechischer Geschichtsschreiber, Ägypten als „Geschenk des Nils". Auch nach 2500 Jahren ist dieser Satz noch gültig: Ägyptens Lebensgrundlage ist der Nil!

Mit 6670 km ist er der längste Fluss der Erde. Von mehreren Quellflüssen Ostafrikas gespeist, gelingt es ihm – dank seiner starken Wasserführung – eine „Durststrecke" von 1500 km durch die Wüsten im Sudan und in Ägypten zu überstehen. Damit gehört der Nil zu den **Fremdlingsflüssen**.

Kennzeichnend für den Nil war seit dem Altertum ein jahreszeitlicher Wechsel von Hochwasser (September bis November) und Trockenheit (Dezember bis März: Anbauzeit; April bis Juli: Brache). In der Überschwemmungszeit wurde fruchtbarer Schlamm auf den Feldern abgelagert. Er stammt aus den durchflossenen Gebirgsschluchten im Vulkangebiet Äthiopiens. Nach der Überflutung mussten die Felder jedes Jahr neu vermessen werden – diese Notwendigkeit brachte die Vermessungstechnik (und damit die Astronomie > S. 30) im antiken Ägypten auf einen hohen Stand.

AUFGABEN >>

1. Erkläre, warum der Nil als „Lebensader Ägyptens" bezeichnet wird.
2. Erläutere den Begriff „Fremdlingsfluss". Bestimmt mithilfe des Atlas Quellflüsse des Nils.
3. Erkläre die Klimadiagramme.
4. Begründe in Abb. 88.5 die Lage der Siedlungen. Erläutert auch das Bewässerungssystem.
5. Erläutere die Voraussetzungen für einen ganzjährigen Bewässerungsfeldbau in der Niloase.

Wir werten ein Satellitenbild aus

89.1 Satellitenbild der Niloase

AUFGABEN >>

1. Auf dieser Seite seht ihr eine Satellitenaufnahme aus Ägypten. Besprecht mit eurem Nachbarn, was ihr erkennen könnt.
2. Findet den Bildausschnitt auf einer geeigneten Atlaskarte.
3. Wo wurden die fünf Bilder aufgenommen? Ordnet sie den Zahlen auf dem Satellitenbild zu. Die Buchstaben ergeben in der richtigen Reihenfolge ein Lösungswort.

Die Türkei – Leben in zwei Welten?

Mustafa Kemal Atatürk, der „Vater der Türken"

„Vater der Türken" – so lautet die Übersetzung des Beinamens Mustafa Kemals, des ersten Präsidenten der Türkei nach dem Ersten Weltkrieg. Was hat dieser Mann geleistet, um diesen Ehrentitel zu erlangen?
Sein Ziel war es, sein Land zu modernisieren und nach Westen zu orientieren. Schrittweise reformierte der energische Präsident das Land in allen Bereichen des öffentlichen Lebens: Zunächst schaffte er die **Scharia** (= Gesetz auf Grundlage des Korans) ab und trennte somit Staat und Religion. Das Tragen von Kopftuch und Turban, seit Jahrhunderten Teil der türkischen Kultur, wurde unter Androhung von Strafen verboten. 1928 führte das Land die neue türkische Schrift auf Basis der lateinischen ein. Auch sollten Frauen von nun an gleichberechtigt sein. So durften sie ab 1931 wählen und gewählt werden. Wegen der zahlreichen grundlegenden Veränderungen innerhalb kurzer Zeit kam es im Volk aber zuweilen zu Unmut. Zudem setzte Atatürk seine Reformen kompromisslos durch. So fühlten sich viele Menschen von der raschen Modernisierung regelrecht „überrollt".

90.1 *Atatürk, seit 1923 Präsident der Türkei*

„Oh Prophet, sag deinen Gattinnen und deinen Töchtern und den Frauen der Gläubigen, sie sollen etwas von ihrem Überwurf über sich herunterziehen. Das bewirkt ..., dass sie ... nicht belästigt werden."
(Sure, 33.59)

„Die Männer haben Vollmacht und Verantwortung gegenüber den Frauen."
(Sure 4.34)

„Haydi Kizlar Okula" – Auf in die Schule, Mädchen!

Rund 90 % der türkischen Mädchen besuchen heute die Grundschule. Das war nicht immer so. Lange Zeit war ihnen der Schulbesuch verboten. In ländlich geprägten Gebieten gilt das bis heute: Rund 500 000 jungen Türkinnen wird die Schulbildung verwehrt. Ein Fünftel aller türkischen Frauen kann weder lesen noch schreiben – im Osten des Landes sind es sogar mehr als die Hälfte. Warum das so ist? Viele Eltern erziehen ihre Kinder immer noch nach strengen Auslegungen des Koran sowie althergebrachten Traditionen. Nach der Scharia ist die Frau dem Mann untergeordnet. Ihre Aufgabe ist es, Haus und Hof zu versorgen. Ihr Kontakt begrenzt sich auf andere Frauen und die Männer aus ihrem Familienkreis. Für diese traditionelle Lebensweise ist Schulbildung unnötig. Manche islamische Gelehrte und viele Frauen sehen diese Auslegung des Koran als überholt an. Immer mehr Frauen streben heute ein unabhängiges Leben an. Zwar geht nur die Hälfte der türkischen Frauen einer Erwerbstätigkeit nach. Aber jede fünfte berufstätige Türkin ist eine Führungskraft in einem Unternehmen. Und an den Hochschulen studieren mittlerweile mehr Frauen als Männer.

„Ich mag Kino. Zuletzt habe ich „Fluch der Karibik" gesehen ... Ich möchte nach der Schule ... am liebsten nach England oder Deutschland, um Jura zu studieren. Vielleicht werde ich auch Lehrerin."
(aus: fluter, 2008)

AUFGABEN >>

1. Welche Meere trennen den asiatischen vom europäischen Teil der Türkei (Atlasarbeit). Fertige eine Kartenskizze dieses Gebietes an und beschrifte sie.

„Hosgeldiniz" in Istanbul – ein Tanz zwischen den Welten

Istanbul ist eine aufstrebende Weltstadt. 12 bis 16 Millionen Einwohner leben im Ballungsraum. Genau weiß das niemand, weil die Menschen in den Slums nicht gezählt werden. Die Stadt erstreckt sich zu beiden Seiten des Bosporus weit ins Landesinnere und liegt damit auf zwei Kontinenten: auf Europa und Asien. Das ist weltweit einzigartig! Verbunden werden Orient und Okzident durch Brücken über die Meeresenge. Die bekannteste trägt den Namen „Europabrücke". Sie ist die längste Hängebrücke Europas.

Istanbul gilt als kulturelles und wirtschaftliches Zentrum des Landes. Vielfältige Industrien haben sich in der Hafenstadt niedergelassen, der Handel blüht und die Universität ist international bedeutend. In der Haupteinkaufsstraße Istiklâl Caddesi kann man neben orientalischen Souvenirs auch weltbekannte Kleidermarken erstehen. Seine Pause kann man dann bei Chai-Tee oder bei Cola verbringen. In den Straßen tummeln sich westlich gekleidete Jugendliche neben verschleierten Frauen; schrille Künstler treffen auf traditionsbewusste Türken und der Klang von Popmusik vermischt sich mit dem Ruf der Muezzins. Und über diesem bunten Mosaik thront die Silhouette der Blauen Moschee, einem Wahrzeichen der Stadt.

91.1 *Brücke über den Bosporus in Istanbul*

Tee, Textilien und Tourismus

Die Gegensätze zwischen Stadt und Land sind in der Türkei größer als bei uns in Deutschland. Wegen der geringen Verdienstmöglichkeiten auf dem Land flüchten vor allem junge Menschen in die Stadt, wo sie sich bessere Einkommen erhoffen. Auf dem Land müssen vor allem Frauen hart arbeiten: Sie versorgen Haus, Hof und Vieh, sie ackern und pflügen oder bestellen in sengender Hitze die Felder. Die Landwirtschaft spielt allerdings in der türkischen Wirtschaft heute keine zentrale Rolle mehr. Industrie und Dienstleistung werden immer wichtiger. Bedeutende Industrien findet man im reicheren Nordwesten des Landes. Neben der Textilproduktion ist die Autobranche eine wichtige Säule der Wirtschaft. Wichtigster Handelspartner der Türkei ist die Bundesrepublik Deutschland.

Vor allem in großen Städten und an den Küsten boomt der Tourismus. Historische Stätten wie Ephesus oder Troja ziehen die Besucher an. Viele Touristen kommen auch in die Türkei, um reizvolle Naturschönheiten wie den über 5000 Meter hohen Ararat oder die Kalksteinterrassen von Pamukkale zu besuchen. Durch den Tourismus entstanden zahlreiche Arbeitsplätze.

91.2 *Blaue Moschee*

2 Worin erkennst du europäische, worin orientalische Traditionen der Türkei? Notiere in Stichpunkten deine Ergebnisse in einer Tabelle.

3 Erkläre, warum man die Türkei als „Wanderer in zwei Welten" bezeichnen kann.

91.3 *Pamukkale*

92.1 Ohne Worte

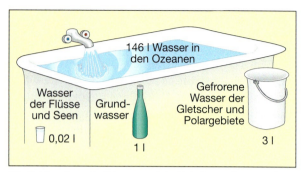

92.2 Verteilung des Wassers auf der Erde (gerundete Angaben)

Wasser ist Leben

Der menschliche Körper besteht zu 70 % aus Wasser – bei Kindern sogar bis zu 80 %. Der Mensch kann zwar einige Wochen hungern, aber nur wenige Tage ohne Wasser überleben. Doch nicht nur Wassermangel gefährdet den menschlichen Organismus. Es kann auch gefährlich sein, unsauberes Wasser zu trinken. Deshalb ist die zunehmende Wasserverschmutzung auf unserer Erde ein großes Problem.

Rund eine Milliarde Menschen haben keinen Zugang zu sauberem Trinkwasser. Nach Angaben der Vereinten Nationen (UN) sterben jedes Jahr vier Millionen Menschen an Krankheiten, die durch verschmutztes Trinkwasser verursacht werden. Das sind etwa 10 000 Menschen täglich – darunter sind etwa 6 000 Kinder. Selbst wenn du alle Kriege weltweit zusammennimmst, fordern sie jedes Jahr weit weniger Todesopfer. Wasser ist weltweit ein knappes Gut.

Leben – bedeutet dies Wasserverschmutzung?

Das Wasser befindet sich in einem ständigen, von der Sonne angetriebenen, weltweiten Kreislauf. Jedes Jahr verdunsten etwa 380 000 km^3 Wasser, werden wieder abgeregnet und fließen als oberirdische Flüsse oder unterirdische Grundwasserströme in die Ozeane zurück. Dieser Kreislauf sichert uns die ständige Erneuerung der Grundwasservorräte. Wie kann es also zu Wasserknappheit auf dem „Blauen Planeten" kommen?

Der Mensch geht mit seinem kostbarsten Gut nicht gerade sorgsam um. Einleitung industrieller Abwässer in Flüsse, Tankerunglücke auf hoher See, Verschmutzung des Grundwassers durch Überdüngung auf den Feldern, Verschwendung durch undichte Rohre – die Liste an Wasserverschmutzung und -verschwendung ist lang. Hinzu kommt die Klimaerwärmung. Wissenschaftler sind der Meinung, dass aufgrund der Erderwärmung künftig viele Gebiete trocken fallen könnten.

Gleichzeitig aber steigt die Zahl der Menschen auf der Erde: Bis zum Jahr 2050 gehen die UN von mehr als neun Milliarden Weltbürgern aus. Damit wächst auch die Konkurrenz um den Zugang zu diesem lebenswichtigen Rohstoff. So warnen die UN, dass in den kommenden Jahren Wasserkriege drohen.

Schon gewusst?

- Ein Bundesbürger in Deutschland verbraucht täglich rund 125 Liter Trinkwasser.
- Nur rund zwei Prozent dieser Menge werden tatsächlich getrunken. Über zwei Drittel werden für Baden, Duschen sowie Toilettenspülung verbraucht.
- Verschmutztes Wasser muss in Kläranlagen aufwändig gereinigt werden, bevor es in den Wasserkreislauf zurückgeleitet werden kann.
- In Deutschland sorgen 400 000 Kilometer Kanalisation für die Entsorgung von Abwasser.

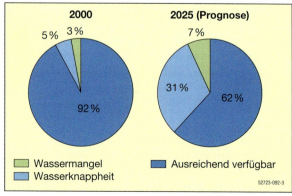

92.3 Wasserversorgung der Weltbevölkerung

Palästinensischer Bauer: „Drei Stunden bin ich täglich unterwegs, um mit meinem Esel Wasser zu holen. Mit einem Plastikeimer schöpfe ich Liter um Liter Wasser aus Brunnen in den Golanhöhen. Viele sind ausgetrocknet, nur einer führt das ganze Jahr Wasser. Das ist aber oft so verschmutzt, dass ich lieber die fünf Kilometer nach Nablus ziehe, um an sauberes Wasser zu kommen. Auf dem Weg dorthin muss ich aber einen Checkpoint des israelischen Militärs passieren. Es kann vorkommen, dass man dort stundenlang steht!"

Türkischer Politiker: „Wenn der Ilisu-Staudamm in Südostanatolien fertig ist, dann können wir in dieser kargen Gegend 1,6 Millionen Hektar Land bewässern. Das ist ein Segen für unsere Wirtschaft! 20 Staudämme haben wir bisher in diesem Gebiet gebaut, mit denen die heiligen Flüsse Euphrat und Tigris und deren Nebenarme aufgestaut werden. Insgesamt sind 22 Dämme geplant."

Irakischer Bauer: „Wenn die Türkei die Flüsse aufstaut, dann kommt bei uns zu wenig Wasser an! Wie kann man so egoistisch sein? Ich bin auf die Bewässerung meiner Felder angewiesen. Wenn ich nichts anbauen kann, verhungert meine Familie. Ich finde das ungerecht."

93.1

Ägyptischer Bauer: „Schon 1959 hat der Sudan mit Ägypten einen Vertrag darüber abgeschlossen, wie viel Nilwasser unser Land erhält. Damals war die Versorgung noch sicher. Heute sieht das anders aus. Wie ich in der Zeitung gelesen habe, fordern die anderen acht Anrainerstaaten nun auch, dass sie Wasser abzweigen dürfen. Dann würden insgesamt 300 Millionen Menschen vom Nilwasser zehren. Wie soll denn das gehen?"

Syrischer Politiker: „In den letzten 50 Jahren wurden weltweit 37 bewaffnete Wasserstreitigkeiten ausgetragen - davon 27 zwischen Israel und Syrien. Der Streit geht vor allem um das Wasser des Jordan auf den Golanhöhen und das Grundwasserreservoir der Westbank. Wir Syrer wollten das Wasser aus den Golanhöhen abzweigen und unsere Felder damit bewässern. Sonst verhungern wir hier! Aber auch Israel leitet Wasser in seine trockenen Gebiete. Seit dem Sechstagekrieg 1967 halten sie unsere Golanhöhen besetzt. Man könnte doch teilen!"

AUFGABEN >>

1. Berechne, wie viel Wasser ein deutscher Vierpersonen-Haushalt jährlich verbraucht (> Schon gewusst?).
2. Lies die Aussagen auf Seite 93 oben genau durch und notiere die verschiedenen Argumente der Konfliktparteien.
3. Abb. 93.1 zeigt Gebiete mit Wassermangel. Welche dieser Gebiete weisen eine hohe Bevölkerungsdichte auf (Atlas)? Recherchiert im Internet, ob es dort Konflikte ums Wasser gibt.
4. Überlege, wie du im Alltag Wasser sparen könntest.

Pulverfass Naher Osten

Raketen treffen Haifa
Israelis von Angriff überrascht

Israelische Soldaten marschieren in den Gaza-Streifen

Selbstmord-Anschlag in Tel Aviv
Sieben Menschen sterben

94.1 Gewalt im Nahen Osten

94.2 Karikatur: „Wir waren schon immer hier!"

Immer wieder wird in Zeitungen und im Fernsehen über Gewalt, Krieg und Terroranschläge im Nahen Osten (= Staaten Südwestasiens und Ägypten) berichtet – vor allem in Palästina. Aber worum geht es da? Die Ursachen für den Streit liegen schon lange zurück.

Gleiche Heimat, verschiedene Religionen – die Vorgeschichte des Konflikts

Israelis und Palästinenser beanspruchen beide das Land Palästina (> Infokasten S. 95). Die Juden glauben, dass ihre Urahnen hier siedelten, weil ihnen das Land von Gott gegeben wurde. Bereits vor 3000 Jahren entstand im Gebiet von Palästina das Königreich Israel, auf das sich auch die heutigen Juden beziehen. Der bedeutendste jüdische Gebetsplatz, die Klagemauer, befindet sich in Jerusalem.
Seit dem 7. Jahrhundert siedelten dann auch die Araber in dem Land, aus dem die Römer die Juden vertrieben hatten. Der „Felsendom" in Jerusalem wurde eines der wichtigsten Heiligtümer der Moslems. Von hier soll nämlich Mohammed in den Himmel aufgestiegen sein.

Streit um Land

Um 1900 wollten sowohl Juden als auch die muslimischen Palästinenser einen Staat in Palästina gründen. Dies war der Ausgangspunkt für den Streit der beiden Religionsgruppen um das Land. Aufgrund der grausamen Judenverfolgung während der Zeit des Nationalsozialismus in Deutschland stieg die Zahl jüdischer Auswanderer nach Palästina an. Der Streit um das Land verschärfte sich. 1948 riefen dann schließlich die Juden den Staat Israel aus. Durch den anschließenden arabisch-israelischen Krieg wurden viele Palästinenser aus dem Land vertrieben und flüchteten in die Nachbarstaaten. Seitdem bilden die Palästinenser nur noch eine Minderheit in Israel. 1956, 1967 und 1973 folgten weitere Kriege.

> **Palästina**
> Palästina ist kein Staat, sondern ein Gebiet. Es erstreckt sich vom Libanon über Syrien, Jordanien bis Ägypten (Abb. 95.2).
> Heute befindet sich dort der Staat Israel, das Westjordanland sowie der Gazastreifen. In Israel leben überwiegend Juden, in den beiden anderen Gebieten vor allem Palästinenser.

Streit um Wasser

Der israelisch-arabische Konflikt ist auch ein Konflikt ums Wasser: Der Nahe Osten ist eine der wasserärmsten Regionen der Welt. Der Jordan bildet hier das wichtigste Wasservorkommen. Seit dem Krieg von 1967 bestimmt allein Israel über die Wasserverteilung des Flusses. Dabei werden jüdische Siedler bevorzugt: Sie erhalten täglich pro Kopf 400 Liter, palästinensische Bauern hingegen nur 60 Liter Wasser, wofür sie auch dreimal so viel zahlen müssen wie die Siedler.

95.1 *Palästinenserin beim Wasserholen*

95.2

Besonders gespannt ist die Lage im Gaza-Streifen (Abb. 95.2). Hier wohnen 1,6 Millionen Menschen auf nur 400 km². Durch den hohen Wasserbedarf sinkt hier der Grundwasserspiegel ständig. Das nachsickernde Wasser ist durch die Landwirtschaft in Israel oft mit Dünger und anderen Chemikalien belastet. Dies gefährdet die weitere Wasserversorgung zusätzlich.

Der Konflikt geht weiter

Der Konflikt in Palästina dauert bis heute an: Um Israels Gebietsansprüche durchzusetzen, siedelten sich jüdische Siedler im Westjordanland an. Dieses Gebiet ist jedoch eigentlich den Palästinensern vorbehalten. Palästinensische Gruppen reagierten daraufhin mit Angriffen auf die Siedler oder mit tödlichen Terroranschlägen in israelischen Städten.
Israel versucht seitdem, seine Siedler mit hohen Mauern zu schützen. Gleichzeitig dringt die Armee immer wieder in palästinensische Gebiete ein und zerstört Gebäude. Dabei kommen viele Menschen ums Leben. Die Hoffnung auf Frieden hat sich bis heute noch nicht erfüllt.

95.3 *Bau einer Grenzmauer im Westjordanland*

AUFGABEN >>

1. Suche die Konfliktregion im Atlas. Nenne große Städte, die in diesem Gebiet liegen.
2. Beschreibe mit eigenen Worten, warum sich die Menschen in dieser Region seit Jahrhunderten bekämpfen.
3. Erkläre die Aussage der Karikatur 94.2.
4. Sammelt Informationen zur aktuellen Entwicklung im Nahostkonflikt und berichtet darüber (Internet, Tageszeitung).

Rätselseite Orient

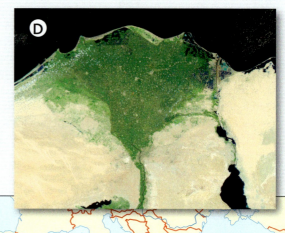

96.1 Kulturraum Orient

1	2	3	4	5	6
Plankton	Israel	Allah	Dubai	Bevölkerungs-dichte Flussoase	Bewässerung
Faulschlamm	Juden	Koran	OPEC	Nilschwelle	Dattelpalme
Muttergestein	Krieg	Mekka	Reserven	Sadd-el-Ali	Quelloase
Erdölfalle	Palästina	Mohammed	Zukunftsprojekte	Fremdlingsfluss	Stockwerkanbau
Pferdekopfpumpe	Gaza-Streifen	Ramadan	Welthandel	Schlamm	Tourismus
Endlicher Rohstoff	Terror	Scharia	Gastarbeiter		Wassermangel

96.2 Wichtige Begriffe

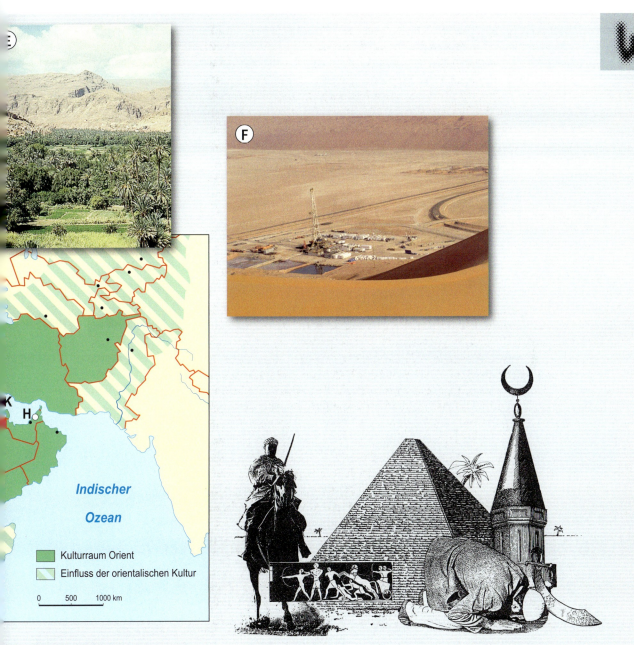

97.1 Kennzeichen des Orients?

AUFGABEN >>

1. Erfasse tabellarisch, welche Staaten zum Kulturraum des Orients gehören (Abb. 96.1). Unterscheide zwischen afrikanischen und asiatischen Staaten. Benenne ihre Hauptstädte (Atlas).
2. Ordne den Abbildungen A–F die entsprechenden Begriffe 1–6 (Abb. 96.2) zu. Schreibe anschließend mithilfe der Begriffe einen kurzen Sachtext zu einer Abbildung deiner Wahl. Finde zu jeder eine passende Bildüberschrift.
3. Erläutere die in der Abb. 97.1 verwendeten Symbole, die von dem Grafiker als Kennzeichen des Orients angesehen werden.
4. Ordne folgende Begriffe/Orte den Punkten A–N auf der Karte zu (Abb. 96.1, Atlas): (1) Mekka, (2) Nildelta, (3) Persischer Golf, (4) Istanbul, (5) Pyramiden von Gizeh, (6) Totes Meer, (7) Algier, (8) Assuan-Staudamm, (9) Dubai, (10) Bagdad, (11) Jerusalem, (12) Sinai-Halbinsel, (13) Atatürkstaudamm, (14) Oase Douz

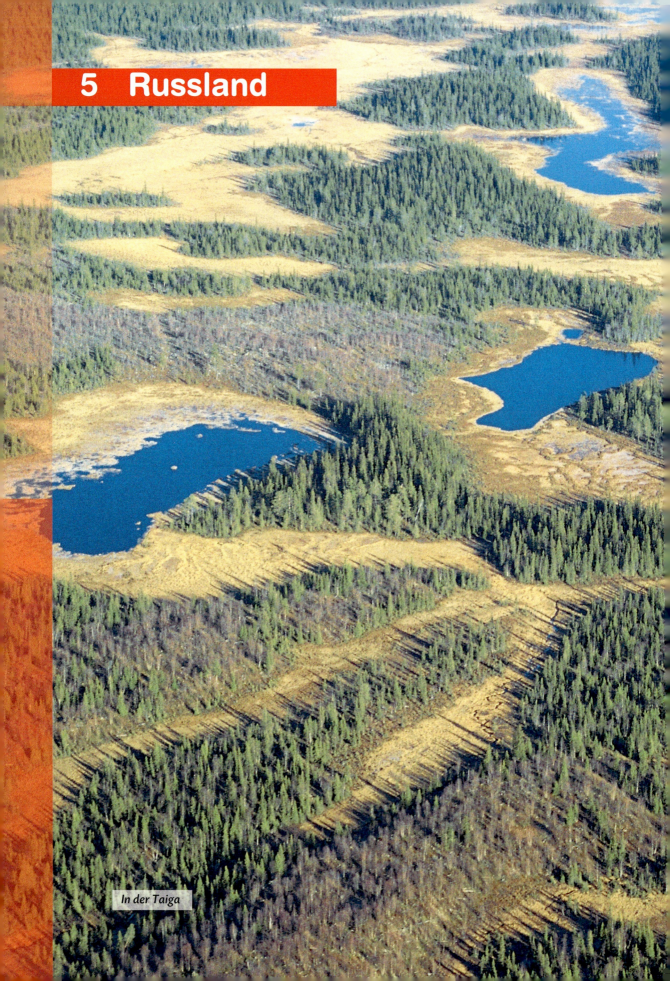

5 Russland

In der Taiga

Moskau

Russlands Naturraum im Überblick

Russland ist der größte Nachfolgestaat der Sowjetunion und das flächenmäßig größte Land der Erde. Es ist etwa 48 Mal so groß wie Deutschland! Das Staatsgebiet liegt relativ weit im Norden, umfasst jedoch mit Ausnahme der Tropen alle anderen Klimazonen. Insgesamt erstreckt sich Russland mit mehr als 172 Längengraden über nahezu die halbe Erdkugel. Die große Ausdehnung des Raumes sorgt für eine Vielfalt der Naturräume. Betrachtet man das Relief, so lassen sich die Tiefländer zwischen Ostsee und Jenissej deutlich von den Bergländern Sibiriens weiter im Osten und den Hochgebirgen im Süden unterscheiden.

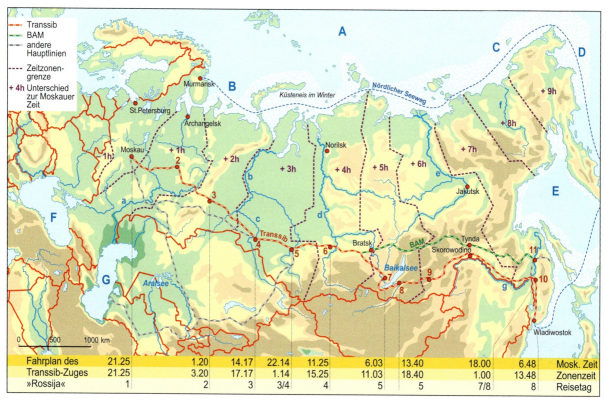

100.1 Zeitzonenkarte von Russland und Verlauf der Transsib

Das Gradnetz

Das Gradnetz ist die Unterteilung der Erde mit gedachten Linien in Längen- und Breitenkreise. Wir unterscheiden westliche (w.L.) und östliche Länge (ö.L.) sowie nördliche (n.B.) und südliche Breite (s.B.). Mithilfe des Gradnetzes lässt sich ein bestimmter Punkt auf der Karte oder dem Globus schnell finden. In Atlaskarten ist das Gradnetz oft mit dünnen blauen Linien eingezeichnet. So wird Moskaus Lage im Gradnetz folgendermaßen angegeben: 55° n.B. / 37° ö.L.

AUFGABEN >>

1. Benenne die in der Karte 100.1 eingezeichneten Flüsse (a–g) und Meere (A–G).
2. Ordne die Großlandschaften Russlands den Tiefländern, Mittelgebirgen und Hochgebirgen zu. Ermittle im Atlas die höchsten Gipfel der Hochgebirge.
3. Gib mithilfe des Atlas von folgenden russischen Städten die Lage im Gradnetz an: St. Petersburg – Ufa – Omsk – Nowosibirsk – Irkutsk – Wladiwostok.

Mit der Transsib durch die unendliche Weite

Russland hat eine so große West-Ost-Ausdehnung, dass Sonnenauf- und -untergang gleichzeitig im Land stattfinden können.
Die berühmte Transsibirische Eisenbahn (Transsib) durchfährt auf ihrem Weg fast alle **Zeitzonen** des Landes (Abb. 100.1). Sie verbindet Moskau im europäischen Teil mit der Küstenstadt Wladiwostok am Japanischen Meer. Mit 9288 Kilometern ist sie die längste befahrene Bahnstrecke der Welt. In „nur" sieben Tagen können die Reisenden mit dieser Bahn das flächenmäßig größte Land der Erde durchqueren. Die reine Fahrzeit beträgt 160 Stunden.

101.1 *Die Transsibirische Eisenbahn*

Ein Reisender berichtet:

„Meine Reise mit der Transsib beginnt Mitte September in Moskau. Am Jaroslawer Bahnhof wartet bereits die mächtige E-Lok mit zahlreichen Reisewaggons, einem Speise- und einem Postwagen auf uns.
Über Jekaterinburg, Omsk und Nowosibirsk führt die erste Etappe in vier Tagen und Nächten in das etwa 5 000 km entfernte Irkutsk. In dieser Zeit ist das Aus-dem-Fenster-Sehen meine Lieblingsbeschäftigung und ich bin überrascht, wie abwechslungsreich die Taiga doch ist. Noch nie habe ich so viele Birken gesehen, dazwischen immer wieder freie Flächen, Städte und Dörfer sowie Sumpfgebiete. Reges Treiben herrscht an den Stationen, denn dort warten neben neuen Reisenden auch Bäuerinnen, die uns eine große Auswahl diverser Speisen anbieten: Fleisch, getrockneten Fisch, Kuchen, Bier und vieles mehr. Jeden Tag durchfahren wir ein oder zwei Zeitzonen, wobei im Zug immer die Moskauer Zeit gilt. So zeigt meine Uhr 15 Uhr, als es in der Weite Sibiriens Nacht wird. Der Höhepunkt der sibirischen Natur ist für mich der Baikalsee: Dessen Wasser ist so klar, dass man bei ruhiger Oberfläche weit in die Tiefe sehen kann. Östlich von Irkutsk fährt man nur noch selten an bunten Holzhäusern vorbei. Immer länger werden nun die Strecken ohne Haus und Mensch. Der Horizont wirkt weit, die Wälder erscheinen endlos. Sumpfige Ebenen im satten Grün wechseln sich mit dem weißen Band der Birken ab. Ab und zu blitzen in der Ferne schneebedeckte Gipfel. In Chabarowsk überqueren wir den gigantischen Amur, und nach weiteren 700 Kilometern taucht aus dem Nichts eine Stadt auf, die fast südeuropäisch anmutet: Wladiwostok."

Die Zeitzonen

Mit den ersten grenzüberschreitenden Bahnlinien sorgte die lokale Ortszeit (> S. 22) für Probleme, da diese von der „Bahnzeit" abwich. So schlug ein kanadischer Eisenbahningenieur 1897 vor, weltweit einheitliche Zeitzonen einzuführen. Diese orientieren sich heute an den Staatsgrenzen. Um das Leben am Gang der Sonne ausrichten zu können, gibt es in großen Ländern wie Russland mehrere Zeitzonen. Reist man in Richtung Osten, muss man seine Uhr beim Überschreiten einer Zeitzone um eine Stunde vor-, auf dem Weg nach Westen zurückstellen.

AUFGABEN >>

1. Fertige einen Steckbrief zur Transsib an. Ergänze die auf dieser Seite genannten Informationen durch die aus anderen Medien.
2. Wie spät ist es in Norilsk bzw. in Wladiwostok, wenn es in Moskau 13.00 Uhr ist (Abb. 100.1)?
3. Welche Großlandschaften werden von der Transsib durchquert (Atlas)? Nenne weitere Großlandschaften Russlands.
4. Benenne in Abb. 100.1 die Städte (1–11) entlang der Transsib.

Klima- und Vegetationszonen

Mit Ausnahme der tropischen Zone gibt es in den Staaten der GUS alle Klima- und Vegetationszonen.
In der **nördlichen Polarzone** sind die Tiere und Pflanzen der *Tundra* an die kurze Vegetationszeit und die tiefen Temperaturen angepasst. Nur Moose und Flechten bedecken den Boden. Dort taut der Dauerfrostboden (> S. 111) im kurzen Sommer nur etwa einen Meter tief auf. Vereinzelt finden sich kleine Polarbirken.
Südlich des 66. Breitenkreises beginnt die *Taiga*. In dieser größten zusammenhängenden Waldfläche wachsen vor allem Nadelbäume. Die Sommer sind hier kurz und mäßig warm, die Winter sind dagegen lang und kalt. Die feuchten und nährstoffarmen Böden lassen sich für die Landwirtschaft kaum nutzen.
Die Taiga geht nach Süden in die *Misch- und Laubwaldzone* des **gemäßigten Klimas** über. Hier finden neben Nadelbäumen die Laubbäume Linde, Ulme und Eiche gute Wachstumsbedingungen. Nach Osten hin werden wegen der Kälte die Laubbäume immer seltener.
Die sich anschließende *Steppenzone* mit ihren fruchtbaren Schwarzerdeböden ist die Kornkammer Russlands. Der Abbau organischer Substanzen wird im Sommer durch Trockenheit und im Winter durch große Kälte gebremst. So wächst die Humusschicht immer weiter.
Noch weiter im Süden folgen die vegetationsarmen *Halbwüsten und Wüsten*.

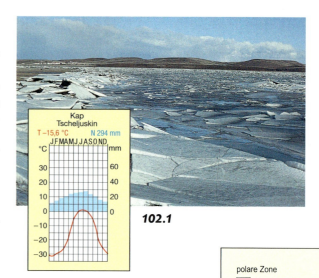
102.1

AUFGABEN >>

1. Ordnet jedem kursiv gesetzten Begriff im Text die richtigen Klimadiagramme und Bilder zu. Begründe.
2. Fasst wichtige Kennzeichen der Vegetationszonen zusammen.
3. Wählt eine Vegetationszone aus und stellt entsprechend dem Beispiel Tundra Zusammenhänge dar.

 Zusammenhänge herstellen

Sachtexte sind oft sehr „trocken". Sie werden lebendig, wenn ihr Zusammenhänge herstellt. Auf dieser Doppelseite könnt ihr sehen, wie das möglich ist.
Die im Text kursiv gesetzten Vegetationszonen werden durch Bilder anschaulich. In Verbindung mit der Karte könnt ihr die Lage der jeweiligen Zone erkennen. Aus den Klimadiagrammen könnt ihr die Wachstumsdauer der Pflanzen ablesen und die mögliche landwirtschaftliche Nutzung erklären.
Beispiel TUNDRA: Auf der thematischen Karte 103.2 lässt sich zunächst die Zone der Tundra lokalisieren. Jeder kann sich nun die Lage und mithilfe von Abb. 103.1 den Bewuchs der Tundra vorstellen. Das zugehörige Klimadiagramm begründet mit der kurzen Vegetationszeit und dem niedrigen Jahresmittel die Formen der Vegetation.

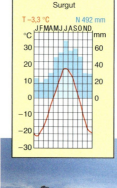

102.2

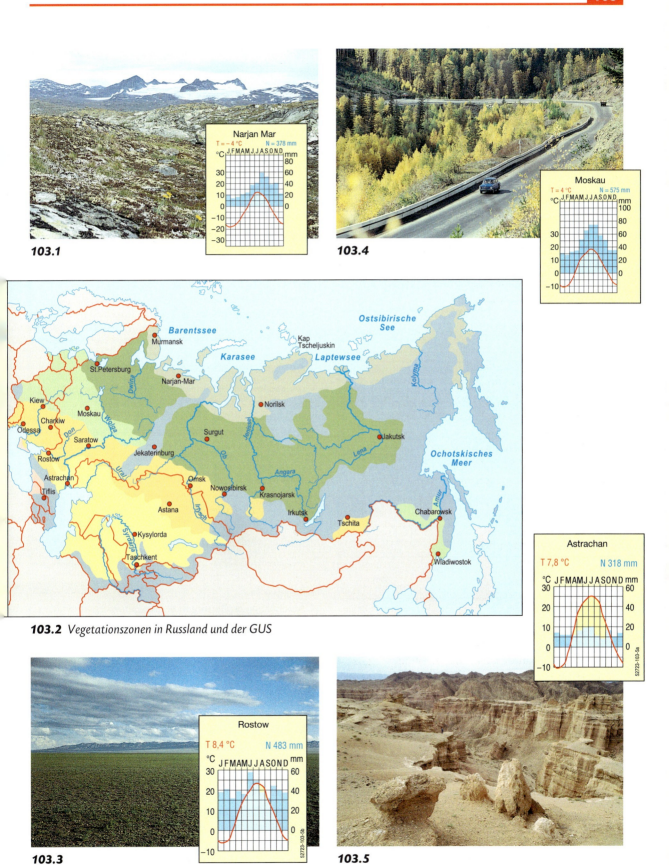

103.1

103.4

103.2 Vegetationszonen in Russland und der GUS

103.3

103.5

Vom Zarenreich zur GUS

Über Jahrhunderte wurde Russland von Zaren (russ.: Kaiser) regiert. Vom Petersburger Palast aus herrschten sie über das riesige, aber völlig rückständige Land. Sehr viele Menschen litten unter Armut. Vor allem auf dem Lande lebten viele als Leibeigene des Adels. Im letzten Jahrhundert kam es aber zu dramatischen Ereignissen, die das ganze Land von Grund auf veränderten. In Zeitungen könnten diese Ereignisse etwa so beschrieben worden sein:

1917
- Revolution in Russland, Aufstand der Arbeiter – Zar ist tot, Adel vertrieben – Bürgerkrieg in Russland –

1920
- die Kommunisten unter Führung Lenins übernehmen die Macht –

1945
- Gründung der UdSSR (Union der sozialistischen Sowjetrepubliken) – Moskau neue Hauptstadt – die kommunistische Partei kontrolliert den Staat und seine Bürger, die Fabriken, die Banken, die Landwirtschaft – Kritiker werden nach Sibirien verbannt oder getötet –

1990/91
- friedliche Veränderung in der Sowjetunion – Präsident Gorbatschow setzt sich für Freiheit und Meinungsfreiheit ein – freie Wahlen – Kommunisten verlieren die Macht – Sowjetunion zerbricht, die GUS (Gemeinschaft unabhängiger Staaten) tritt an ihre Stelle – Russland ist wichtigster Staat der GUS –

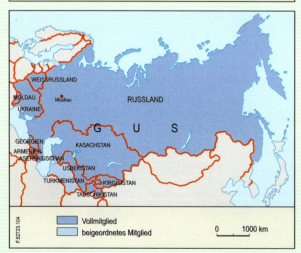

AUFGABEN >>

1. Vergleiche die Zeitungsschlagzeilen und die Karten miteinander. Ordne sie richtig zu.
2. Welche Auswirkungen hatten die beschriebenen Ereignisse? Sprecht darüber.
3. Erstelle mithilfe des Atlas eine Liste der Staaten, die zur UdSSR gehörten. Nenne die jeweilige Hauptstadt. Welche der Staaten sind heute nicht Teil der GUS?

104.1–3 Vom Zarenreich zur GUS

Vielvölkerstaat Russland

Wie du schon weißt, ist Russland das größte Land der Erde (> S. 100). Kein Wunder, dass auf seiner gigantischen Fläche auch eine große Völkervielfalt zu finden ist. Die 142 Millionen Menschen in Russland gehören rund 100 verschiedenen Volksgruppen an. Fast 80 % der Bevölkerung sind Russen. Völker wie die Ewenken zählen jedoch nur wenige zehntausend Menschen.
Wie leben die Menschen in einem Vielvölkerstaat?

Mein Name ist Kolja. Ich lebe in Moskau in einer Plattenbausiedlung am Stadtrand.

„Ich gehöre zur russischen Volksgruppe. In den letzten Jahren sind hier viele Menschen aus den ländlichen Regionen zugewandert – auch aus dem weit entfernten Sibirien. So wohnen in unserem Wohnblock Tuwiner, Burjaten und Tataren. Daraus ergibt sich eine Mischung verschiedenster Sprachen und Sitten. In der Sowjetzeit haben die Machthaber versucht, die Menschen zu einem einheitlichen russisch sprechenden Staatsvolk zu einen. Ich habe das eingesehen, denn nur so kann man einen dermaßen großen Staat zusammenhalten. Während viele Menschen in das wirtschaftlich boomende Moskau ziehen, nimmt die Bevölkerung in anderen Gebieten Russlands, vor allem auf dem Land, ab. Dort sind die wirtschaftlichen Bedingungen meist schlecht. Es werden immer weniger Kinder geboren. Seit einigen Jahren nimmt die Bevölkerung in Russland ab. Ich habe gelesen, dass der Bevölkerungsrückgang im letzten Jahr bei rund 700 000 Menschen lag."

„Hallo, ich heiße Katia. Ich bin in Oljokminsk geboren, das liegt an dem Fluss Lena in Mittelsibirien. Ich bin Jakutin. Seit dem Zusammenbruch der UdSSR können wir wieder nach unseren alten Traditionen leben. Während der Sowjetzeit mussten selbst die Vornamen von Kindern russisch sein. Unsere Sitten und Bräuche wurden unterdrückt. Wir wurden hier von den Russen angesiedelt und hatten in den Kupfer- und Kobaltminen eine gut bezahlte Arbeit. Inzwischen wurden viele Arbeiter entlassen. Für uns junge Leute gibt es in Oljokminsk keine Perspektiven. Viele ziehen weg. Zurück bleiben vor allem die Rentner. Die Zeitungen reden schon von einer Überalterung der Bevölkerung."

„Mein Name ist Lara. Als Tschetschenin und Muslima kann ich der neuen Ordnung in Russland nichts abgewinnen. Als sich die Sowjetunion auflöste und viele Staaten unabhängig wurden, wollten auch wir einen eigenen Staat. Doch Russland wollte nichts von einem freien Tschetschenien wissen. Es ging aber nicht nur um unseren anderen Glauben, sondern auch um wirtschaftliche Interessen – schließlich wird in unserer Region Erdöl gefördert. Bei kriegerischen Auseinandersetzungen sind bereits Tausende ums Leben gekommen, außerdem sind viele Städte und Dörfer zerstört worden."

AUFGABEN >>

1. Verorte mithilfe des Atlas die im Text genannten Bevölkerungsgruppen. Nenne noch weitere Völkergruppen in Russland.
2. Liste mithilfe der Texte Probleme des Vielvölkerstaats auf.
3. Informiere dich in den Medien über aktuelle Konflikte im Vielvölkerstaat Russland.

Russlanddeutsche bei uns

Elisabeth (16 Jahre) ist mit ihren Eltern und ihren beiden Brüdern vor 13 Jahren nach Deutschland gekommen. Sie wohnt heute in der Nähe von Bamberg. Wir haben sie befragt.

Elisabeth, woher kommt deine Familie ursprünglich?
Meine Familie stammt aus Omsk. Dort habe ich mit meinen Eltern und meinen Omas in einem kleinen Haus mit einem Obst- und Gemüsegarten gelebt.

106.1 Elisabeth

Wie gut war dein Deutsch, als du hergezogen bist?
Ich konnte die Sprache nur ein bisschen. Gelernt habe ich sie vor allem durch meine Omas, die mir oft deutsche Lieder vorgesungen haben. Meine Eltern sprachen meist Russisch mit uns. Der Umzug nach Deutschland war für mich schwierig, denn ich musste all meine Freunde zurücklassen. Am Anfang hatte ich auch Probleme im Kindergarten. Glücklicherweise habe ich dort schnell Deutsch gelernt. Noch heute sprechen meine Eltern oft in Russisch miteinander.

Weißt du, warum deine Eltern nach Deutschland gekommen sind?
Mit drei Jahren war ich noch zu klein, um zu verstehen, warum wir weggezogen sind. Meine Eltern haben mir damals aber schon gesagt, dass sie für mich und meine Brüder ein besseres Leben wollten. Später haben sie mir erzählt, dass das Leben für sie als Russlanddeutsche in der Sowjetunion oft schwer war. Als der Bruder meiner Mutter sich dann entschloss, mit seiner Familie nach Deutschland zu ziehen, wagten auch sie den Schritt, um uns eine bessere und sichere Zukunft bieten zu können.

Fühlt sich deine Familie in Deutschland wohl oder hat sie diesen Schritt bereut?
Anfangs hat meine Mutter hier in Deutschland viel geweint. Alles war so neu für uns und es war auch für mich komisch, auf sehr beengtem Raum in dem Aussiedlerwohnheim zu leben. Seitdem meine Eltern Arbeit gefunden haben und wir in einer eigenen Wohnung leben, geht es viel besser. Wir haben uns an die deutsche Kultur gewöhnt und halten hier fest zusammen. Vor allem nach Besuchen „zu Hause" sehen wir, dass wir es hier gut haben. Eine mit uns befreundete Familie ist letztes Jahr nach Russland zurückgekehrt, denn sie ist hier nie richtig heimisch geworden.

Fühlst du dich als Deutsche, Elisabeth?
Eigentlich schon, ich habe inzwischen auch deutsche Freunde und merke, dass ich das Russische immer mehr vergesse. Aber manchmal wird mir hier das Gefühl gegeben, dass wir unerwünscht sind.
Auch in der Schule habe ich schon gemeine Kommentare erlebt. Manche wollen nichts mit mir zu tun haben. Ich weiß, dass ich fleißig sein muss, um später eine gute Arbeit zu bekommen, vielleicht fleißiger als „echte Deutsche". Aber das ist die Anstrengung wert. Ich will, dass meine Eltern stolz auf mich sein können.

Danke für das Gespräch. Wir wünschen dir für die Zukunft alles Gute!

Zur Geschichte der Russlanddeutschen

Ab 1763 warb die russische Zarin Katharina die Große deutsche Bauern an, an der unteren Wolga zu siedeln und das Land zu bewirtschaften. Diese deutschen Einwanderer lebten in bescheidenem Wohlstand in eigenen Dörfern. Mit den beiden Weltkriegen verschlechterte sich allerdings die Lage für die dort lebenden Deutschen, denn sie wurden nun als „Feinde" angesehen. Die deutsche Sprache wurde verboten und es kam zu Enteignungen, zu Zwangsumsiedlungen sowie zu Verschleppungen (zum Beispiel nach Sibirien und Kasachstan), Verhaftungen und Morden. Lange Zeit wurden die Deutschen durch die russische Bevölkerung verachtet.
Nach 1955 wurden erste Verbote wieder aufgehoben. Ab 1987 durften die Russlanddeutschen dann endlich offiziell ausreisen und viele machten sich auf den Weg nach Deutschland ...

AUFGABEN >>

1. Was veranlasste Elisabeths Eltern dazu, nach Deutschland auszusiedeln?
2. Nenne Probleme, mit denen sie nach der Aussiedlung zu kämpfen hatten.
3. Erkläre, was Russlanddeutsche sind.

Leben in Russland

Wie leben eigentlich Kinder und Jugendliche in Russland? Natürlich ist klar, dass im größten Flächenstaat der Erde nicht alle Kinder unter den gleichen Bedingungen leben. So verschieden wie die Regionen und Volksstämme in Russland sind, so unterschiedlich ist auch die Lebensweise.
Vladimir (13 Jahre) erzählt stellvertretend für viele andere Kinder, wie seine Familie lebt.

107.1

Vladimir, wo lebst du?
Ich wohne mit meinen Eltern und meiner Schwester Swetlana in einem Dorf etwa 75 Kilometer südlich von Sankt Petersburg. Hier am Südrand der Taiga gibt es in der Umgebung viele Nadel- und Birkenwälder. Daher haben auch manche Sankt Petersburger ihre Datscha hier.
Wohnt ihr in einem Haus oder in einer Wohnung?
Wir leben mit den Eltern meiner Mutter in einem eigenen kleinen Haus mit drei Zimmern. Besonders stolz bin ich auf unser neues, richtiges Bad, das mein Großvater und Papa vor kurzem endlich fertig gestellt haben. Wie die meisten Familien haben wir einen großen Gemüse- und Obstgarten, in dem einige Hühner herumlaufen. Wir haben außerdem zwei Kühe. Die Straße vor unserem Haus ist leider nicht asphaltiert und weicht bei Regen auf. Ich hasse es, dann mit meinen hohen Gummistiefeln hinaus zu gehen!

107.2 Swetlana vor ihrem Haus

Was arbeiten deine Eltern?
Mein Vater ist Melker. Meine Mutter ist mit Haus und Garten beschäftigt: Sie kümmert sich um Obst und Gemüse. Sie backt Brot und stellt Quark, Butter und Kefir her. Und Großmutter ist viel im Wald unterwegs. Dort sammelt sie Pilze und Beeren. Ihr müsstet mal ihre leckere Waldbeerenmarmelade probieren! Vor allem im Sommer fällt viel Arbeit an, sodass ich auch mithelfen muss.
Was macht dein Bruder beruflich?
Igor ist schon 20 Jahre alt. Er hilft im Sommer auf den Feldern. Als Lohn erhält er meist Lebensmittel, Wodka oder selbstgebrannten Schnaps. Aber in der kalten Jahreszeit ist es für ihn oft schwer, einen Job zu finden. Nicht nur er, auch viele seiner Freunde sind arbeitslos. Er träumt davon, in den Westen oder zumindest nach Sankt Petersburg zu ziehen. Dort wohnt nämlich unser Cousin Stanislav mit seiner Frau und seinen zwei Kindern.
Denen geht es dann sicher besser, oder?
Wir besuchen sie nur selten, denn die Wohnverhältnisse in der Stadt sind für die einfachen Menschen sehr beengt. Stansilav und seine Familie wohnen in einer der großen Plattenbausiedlungen in einer typischen Drei-Zimmer-Wohnung, aber sie leben nicht alleine: Auch seine Eltern und die Großmutter wohnen noch dort.
Haben dein Cousin und seine Frau Arbeit?
Stanislav ist Lehrer an der Petersburger Schule 515. Doch er verdient so wenig, dass er einen Zweitjob hat, und seine Frau arbeitet als Verkäuferin. Einen Großteil des Geldes geben sie übrigens für Lebensmittel aus. Natürlich kann man in Sankt Petersburg alles kaufen, doch nur wenige haben genug Geld, um sich die schönen Dinge in den Schaufenstern zu leisten. Egal, ob in der Stadt oder auf dem Land, eigentlich sind die meisten, die ich kenne, eher arm. Aber uns geht es nicht schlecht, denn wir helfen uns gegenseitig. Wir sagen hier: „Ne nado pomoschtsch, a utschastije!" („Hilfe brauchen wir nicht, aber Zusammenarbeit!")

107.3 Dorfstraße

107.4 Plattenbausiedlung

AUFGABEN >>

1. Vergleiche dein Leben mit dem von Vladimir.
2. Stelle in einer Tabelle das Leben in der Stadt dem auf dem Land gegenüber.
3. Finde heraus, was eine „Datscha" ist.

108.1 Stadtansicht von Moskau

108.2 Das Bolschoi-Balett ist weltberühmt

108.3 Für viele reiche Russen ist das Teuerste gerade gut genug

Moskau – Hauptstadt im Umbruch

Moskau und seine bewegte Geschichte
- 1147: Erste urkundliche Erwähnung als Handelsstadt
- 1156: Der Kreml wird errichtet, Moskau wird zur Festung ausgebaut.
- 1238: Die Mongolen erobern Moskau und brennen es nieder. Viele Schlachten z. B. gegen die Tataren und auch gegen Napoleon (1812) folgen.
- 1263: Moskau wird Fürstentum
- 1547: Erste Krönung eines Zaren im Kreml
- 12.03.1918: Die Regierung geht zurück nach Moskau (ab 1712 ist Sankt Petersburg Hauptstadt).
- 1923 Hauptstadt der gesamten Sowjetunion
- 1939: Die Umgestaltung und Modernisierung der historischen Stadt wird durch den Ausbruch des Zweiten Weltkriegs gestoppt.
- 1980: Moskau wird Austragungsort der Olympischen Sommerspiele.
- 1991: Die Sowjetunion löst sich auf, Moskau bleibt Hauptstadt Russlands und beheimatet heute über 10 Millionen Menschen.

Licht- und Schattenseiten einer Metropole – Moskau boomt

Moskau ist nicht nur das politische Zentrum Russlands. Durch seine lange Geschichte ist es auch das kulturelle, besonders aber der wirtschaftliche Mittelpunkt. Nationale und zunehmend auch internationale Unternehmen verlegten ihren Hauptsitz nach Moskau oder errichteten dort Filialen. Dies löste eine große Nachfrage nach Büroflächen aus, vor allem in der Innenstadt. Auch der Einzelhandel hielt mit Geschäften für den gehobenen Anspruch in pompösen Einkaufspassagen und Fußgängerzonen Einzug. Es gibt viele Moskauer, die sich das auch leisten können. In der Stadt sollen etwa 30 000 Millionäre leben. Die Moskauer Innenstadt entwickelte sich zunehmend nach westlichem Vorbild.

Wichtigstes Verkehrsmittel ist mit täglich mehr als sechs Millionen Fahrgästen die Metro, die U-Bahn, die auch die über 250 000 Studenten zu den etwa 80 Universitäten und Hochschulen der Stadt transportierten. Durch seine reiche Geschichte und beeindruckende Architektur ist Moskau zu einem beliebten Ziel von Touristen aus aller Welt geworden. Die vier Flughäfen schleusen täglich Tausende Menschen in die Stadt.

Moskaus Probleme

Moskau ist nicht nur die am dichtesten besiedelte, sondern auch die teuerste Stadt Russlands. Sie zählt sogar zu den kostspieligsten Städten weltweit: Die Ausgaben für Lebensmittel, Miete, Kleidung und Energie sind für die Bevölkerung in den letzten Jahren enorm gestiegen. Jedes Jahr erhöhen sich die Preise im Vergleich zum Vorjahr um rund 10 %. Die Hälfte der Bevölkerung gilt als arm, etwa 3 % hingegen als sehr reich.

Wer eine staatliche Wohnung ergattert, hat Glück. Wer jedoch privat mietet, muss mit Preisen von 20 bis 50 Euro pro Quadratmeter rechnen. Zwei-Zimmer-Wohnungen mit 30 m² sind für 500 Euro zu bekommen. Der Durchschnittsverdienst lag im Mai 2008 bei 17 000 Rubel, das entspricht umgerechnet etwa 430 Euro. Ein Verdienst reicht also oft nicht zum Leben aus. Um die Situation für die Bevölkerung erträglicher zu machen, denkt die Regierung darüber nach, eine staatliche Rabattkarte einzuführen, die an Großfamilien, Behinderte und Rentner ausgegeben werden soll. Besonders alte Menschen haben mit den hohen Lebenshaltungskosten zu kämpfen, denn die Durchschnittsrente pro Monat liegt bei 90 Euro. Die meisten Rentner arbeiten deshalb nebenbei oder sind auf finanzielle Unterstützung angewiesen.

Ein großes Problem sind in Moskau auch die zahlreichen Straßenkinder. Viele sind von zu Hause weggelaufen, weil sie von ihren Eltern geschlagen wurden. Oft müssen die Minderjährigen betteln oder sie werden kriminell.

109.1 Straßenkinder schnüffeln betäubende Dämpfe

109.2 Bettelnde alte Frau

Und trotzdem…

… fragt man sich, warum dennoch so viele Menschen im „Herzen Russlands" leben wollen. Moskau liegt nah am Westen und orientiert sich stark nach Europa. Dazu bieten die Unternehmen aus aller Welt bessere Arbeitsmöglichkeiten als in weiten Teilen Russlands. Die Hoffnung der Zuwanderer ist also groß, hier Arbeit zu finden und später in die Mittelschicht aufzusteigen. Es lebt sich also trotz der hohen Preise in der Hauptstadt immer noch angenehmer als im Rest des Landes.

AUFGABEN >>

1. Erstelle einen Zahlenstrahl mit den wichtigsten Ereignissen der Moskauer Geschichte.
2. Formuliere einen Steckbrief zur heutigen Metropole Moskau. Nutze dabei auch andere Informationsquellen wie z. B. das Internet.
3. Nenne Probleme der einfachen Bevölkerung Moskaus. Überlege, welche Konflikte sich zwischen den Gesellschaftsschichten ergeben könnten.

109.3 Filiale einer amerikanischen Imbisskette in Moskau

Sibirien – Schatzkammer und Eisschrank Russlands

Als Gott die Welt erschuf, flog er mit einem Sack voller Schätze über Sibirien hinweg. Von der Kälte waren seine Hände so steif gefroren, dass er den Sack nicht mehr länger halten konnte. Diamanten, Edelsteine, Gold und andere Mineralien, die er darin aufbewahrt hatte, verteilten sich übers Land. Darüber geriet er so in Zorn, dass er Sibirien mit Dauerfrostböden, Sümpfen, Mooren, undurchdringlichen Wäldern und bitterer Kälte strafte.

(nach einer russischen Legende)

Sibirien ist tatsächlich ein Eisschrank, in dem viele Bodenschätze lagern. In der weiten Taiga gibt es nicht nur die größten Holzvorkommen der Erde, in Sibirien sind auch ergiebige Eisen-, Blei-, Kupfer- und Goldvorkommen zu finden. Zudem werden dort 75 % der Energiereserven Russlands vermutet.

Zur Förderung und zum Abtransport der Bodenschätze braucht man Straßen, Eisenbahnen und Schifffahrtswege, denn es sind riesige Entfernungen zu überwinden. Doch der Aufbau und Erhalt der Infrastruktur wird durch den Dauerfrostboden (> S. 111) und die riesigen Sümpfe erschwert.

In Deutschland stöhnen wir im Winter oft über die Verkehrsverhältnisse. In der Polarregion ist jedoch der Winter die verkehrsgünstigere Jahreszeit. Denn dann können die zugefrorenen Sümpfe, Seen und Flüsse als Straßen und Landeplätze dienen. Mit der Schneeschmelze im Frühjahr beginnt die Zeit der Wegelosigkeit. Schlamm und Überschwemmungen zwingen die Fahrzeuge auf die „Allwetterstraßen". Davon gibt es jedoch nur wenige, weil deren Bau und Erhalt Unsummen verschlingen.

110.1 Wirtschaftskarte Sibirien

AUFGABEN >>

1. Erkläre die Aussage: „Sibirien ist ein Eisschrank voller Schätze."
2. Zähle die wichtigsten Bodenschätze Sibiriens auf und nenne Industriezweige, die sich dort angesiedelt haben (Abb. 110.1).

Der Dauerfrostboden – Sibiriens großes Problem

In der winterlichen Kälte ist der **Dauerfrostboden** hart und belastbar, da er bis in mehrere hundert Meter Tiefe ganzjährig gefroren ist. Er ist überall dort vorzufinden, wo die Durchschnittstemperaturen im Jahresverlauf unter dem Gefrierpunkt liegen.
In Sibirien tauen im relativ warmen Sommer die obersten Schichten des Bodens auf. Dadurch, dass das entstehende Schmelzwasser durch die vereisten tieferen Bodenschichten nicht versickern kann und auch nur schwer abfließt, können Häuser und Verkehrswege ins Rutschen geraten. Durch die vernässten Böden versinken zudem die Straßen und Bahnverbindungen im Morast.

111.1 Straße in der Tundra

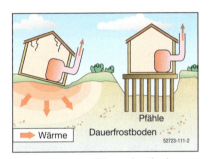
111.2 Bauen auf Dauerfrostboden

Eine ähnliche Wirkung wie die sommerliche Wärme haben die Heizungen in den Häusern, denn durch die wärmere Luft in den Wohngebäuden taut der gefrorene Boden darunter ebenfalls etwas auf. Da das Schmelzwasser weder versickern noch seitlich ablaufen kann, dringt die Feuchtigkeit durch Risse in der Bodenplatte in die Häuser ein und gefriert.
Deshalb werden Häuser wie auch Verkehrswege auf möglichst ebenen Flächen sowie auf Betonpfählen gebaut, die tief in den Dauerfrostboden hineingerammt werden. Die Luftschicht zwischen Erdboden und Haus verhindert dann das oberflächliche Auftauen des Dauerfrostbodens.
Durch den aktuellen **Klimawandel** droht der sibirische Dauerfrostboden in der Zukunft großflächig aufzutauen.

Ein russischer Arbeiter berichtet: „Sechs Jahre habe ich in Sibirien unter extremen Bedingungen an der neuen Bahnlinie, der BAM, gearbeitet. Die grausame Kälte und die Polarnacht im Winter, die Sümpfe mit ihren unzähligen Mückenschwärmen im Sommer sowie die ewige Einsamkeit das ganze Jahr über machten die Arbeit und das Leben dort zur Qual."

Ein Bauleiter berichtet: „Wir verzweifelten fast: Hangrutschungen im Gebirge verschütteten die bereits mühsam verlegten Gleise. Im Sumpfgebiet aufgeworfene Bahndämme wurden durch Wasserläufe immer wieder unterspült. Die LKWs blieben oft im Schlamm stecken. Für größere Bauwerke, wie Brücken und Häuser, mussten Pfeiler tief in den Dauerfrostboden gerammt werden."

AUFGABEN >>

1. Beschreibe die Eigenschaften des Dauerfrostbodens im Jahresverlauf.
2. Mit welchen Problemen hat man in Sibirien beim Bau von Verkehrswegen zu kämpfen?
3. Welche baulichen Maßnahmen werden ergriffen, um auch auf dem Dauerfrostboden dauerhafte Verkehrswege und Häuser zu errichten?

„Norilsk – Insel in der Kälte"

Norilsk, 30. Dezember um die Mittagszeit. Die Hauptgeschäftsstraße der nordsibirischen Großstadt ist mit hellen Lichterketten erleuchtet und es herrscht geschäftiges Treiben. Viele Menschen sind in den Läden unterwegs, um „Väterchen Frost" zu helfen, der morgen am Jolkafest gemeinsam mit Snegurotschka, dem Schneeflöckchen, den Kindern Geschenke bringt. Weihnachten wird hier – wie auch im gesamten russisch-orthodoxen Raum – erst am 7. Januar gefeiert.
Sieht man sich um, dann könnte man meinen, Väterchen Frost wäre hier zu Hause, denn eine glitzernde Schneeschicht bedeckt die Straßen und Wege. –30 °C zeigt das Thermometer jetzt um 12 Uhr an – ein relativ warmer Tag im Winter. Aber bereits seit Wochen ist es dunkel, denn seit dem 20. November ist die Sonne nicht mehr aufgegangen; es herrscht Polarnacht. Norilsk liegt etwa 300 km nördlich des **Polarkreises** auf 69° n. Br. / 88° ö. L. Die komplette Dunkelheit wird noch bis zum 20. Januar anhalten.
Für viele, die in der 200 000-Einwohner-Stadt leben, ist das kalte **kontinentale Klima** im etwa neunmonatigen Winter nur schwer zu ertragen. In dieser Zeit kann die Temperatur durchaus auch auf –50°C sinken. Schnee liegt hier an etwa 250 Tagen im Jahr.

112.1 In Norilsk (Ende Dezember 12 Uhr)

Die empfindliche Kälte hat aber auch ihre gute Seite, denn wenn der Jenissei (Abb. 113.1) zugefroren ist, kann man auf diesem weit in den Süden Russlands fahren. Sonst ist man auf Flugzeuge und Hubschrauber angewiesen, da Norilsk nicht an das Eisenbahn- und Straßennetz angeschlossen ist. Lediglich im kurzen Polarsommer gelingt es den großen Eisbrechern, die Flüsse eisfrei zu halten, damit in dieser Zeit zahlreiche Güter in die Stadt transportiert werden können.
Im kurzen Sommer kann die Temperatur bis auf 30°C steigen. Der sonst gefrorene Dauerfrostboden taut nun oberflächlich auf und macht Straßen und Gebäuden zu schaffen, denn sie können im Morast versinken.

Warum leben 200 000 Menschen im lebensfeindlichen Norilsk?

Die Tundra im Norden Sibiriens ist eigentlich ein menschenfeindlicher Raum. Erst mit der Entdeckung der reichen Nickel-, Kupfer-, Kobalt- und Eisenerzvorkommen sowie dem Fund von Gold, Platin und Steinkohle wurde die Region wirtschaftlich interessant. 1935 gründete man daher hier einen Industriestandort, welcher von Gefangenen eines Arbeitslagers gebaut und betrieben wurde. Mit Auflösung des Lagers wurden Arbeiter aus ganz Russland angeworben, die teilweise auch mit ihren Familien nach Norilsk zogen. Höhere Löhne sowie relativ gute Lebensbedingungen lockten diese an. Doch in den letzten Jahren nimmt die Einwohnerzahl ab, da es heute die Vergünstigungen von früher nicht mehr gibt.

AUFGABEN >>

1. Fertige mithilfe des Textes einen Steckbrief von Norilsk an.
2. Beschreibe, warum das dort herrschende Klima (Abb. 9.6) als lebensfeindlich bezeichnet wird.
3. Erkläre die Überschrift „Norilsk – Insel in der Kälte".
4. Suche weitere Großstädte in der kalten Zone und beschreibe deren Lage.

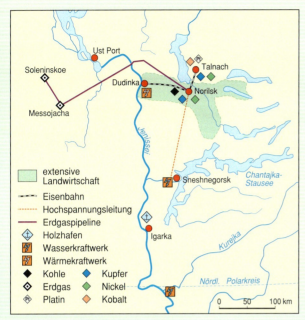

113.1 Bodenschätze um Norilsk

113.2 Umweltbelastung in Norilsk

Norilsk – schmutzigste Stadt Russlands?

Die meisten Arbeitnehmer in Norilsk arbeiten in der Nickelproduktion, in der Russland Weltmarktführer ist. Das Metall, das man hier aus 1000 Meter Tiefe nach oben holt, wird nicht nur abgebaut, sondern auch gleich verarbeitet – ebenso wie andere Bodenschätze der Region (Abb. 113.1). Doch das Leben ist nicht nur wegen des harten Klimas unangenehm: Die Natur rund um die Stadt ist schwarz gefärbt. Nur vereinzelte Baumruinen lassen erahnen, dass es hier früher einen lebendigen Nadelwald gab. Vor allem die hohe Luftverschmutzung ist für diese extremen Umweltschäden verantwortlich: Pro Jahr gelangen 2,4 Millionen Tonnen **Schwefeldioxid** in die Luft. Und mit Regen und Schnee trifft die Schwefelsäure wieder auf den Boden der Region.

Doch viele Bewohner von Norilsk hängen an ihrer Stadt. Man hält zusammen, denn gemeinsam lässt sich der harte Alltag besser meistern. Aber die schlechte wirtschaftliche Lage Russlands ist auch im Norden Sibiriens zu spüren: Oft gibt es verspätete oder gar keine Löhne. So wird das Leben schwieriger. Wer es sich leisten kann, denkt darüber nach, auf das „Festland" zu ziehen, denn die einstmals künstlich geschaffene Attraktivität der Stadt schwindet immer mehr (> Kasten S. 112).

113.3 Die Schwefeldioxidbelastung ist oft so hoch, dass Arbeiter extra Sauerstoff brauchen.

AUFGABEN >>

1. Nenne mithilfe des Atlas sowie der Abb. 113.1 Bodenschätze und Industriezweige rund um Norilsk.
2. Erkläre, warum sich Norilsk trotz der lebensfeindlichen Bedingungen zur Großstadt entwickelt hat.
3. Nenne Gründe für die rückläufige Einwohnerzahl von Norilsk.
4. Überlege, warum die aus Norilsk kommende Bahnlinie am Jenissei endet (Abb. 113.1).

114.1 Karikatur zur Planwirtschaft

Wirtschaft im Umbruch

Wirtschaftsform früher: Planwirtschaft

Stell dir vor, du brauchst neue Turnschuhe, weil deine alten zu klein geworden sind. Du gehst also ins Geschäft, nennst dem Verkäufer deinen Wunsch: „Ich hätte gerne weiße Turnschuhe in Größe 38." Heute absolut kein Problem mehr. Doch zu Sowjetzeiten hättest du in einem russischen Geschäft diese Antwort hören können: „Tut mir leid, aber diese Größe führen wir in diesem Jahr nicht und in Weiß schon gar nicht. Alles, was ich anbieten kann, sind blaue Turnschuhe in Größe 40."

Die Sowjetunion arbeitete nach dem Prinzip der **Planwirtschaft**: Für fünf oder sogar acht Jahre im Voraus wurden alle Schritte der industriellen Produktion genau geplant. Alle Betriebe waren Staatseigentum. Von Moskau aus wurde vorgeschrieben, was, in welcher Anzahl, in welcher Farbe oder Größe hergestellt wurde. Die Planungsbehörde bestimmte die Preise und wo die Waren verkauft werden durften.

Vorrang hatten Produkte für das Militär, die Raumfahrt oder die Schwerindustrie. Auf der Strecke blieben Waren des täglichen Bedarfs wie Seife, Schnürsenkel oder eben Schuhe. Vor Geschäften bildeten sich lange Schlangen, denn es wurde nicht nach Bedarf produziert. Wurden Gebrauchsgegenstände wie Farbe, Töpfe oder Ähnliches angeboten, sprach sich das schnell herum und die Menschen kauften die Waren, weil sie nicht wussten, wann diese das nächste Mal im Verkauf waren.

Problematisch wurde es vor allem dann, wenn Maschinen kaputt gingen oder das Material für die Herstellung ausging. Der Nachschub und Reparaturen dauerten sehr lange. Doch die Löhne zahlte der Staat, der immer zahlte, egal ob das Plansoll erfüllt wurde und die Qualität stimmte oder nicht.

Wirtschaftsform heute: Marktwirtschaft

Die massiven politischen Veränderungen nach der Wende (> S. 104) hinterließen auch in der Industrie ihre Spuren. Hierzu erzählt Doran Dimikov, ein Arbeiter in einer Möbelfabrik:

„Früher hat die kommunistische Zentralregierung in Moskau Pläne für alle Betriebe im Land erstellt. Nach dem Zerfall der Sowjetunion 1991 lösten sich auch die Betriebe vom Staat. Staatseigentum wurde wieder privat. Das führte in vielen Unternehmen zu Problemen, denn keiner war gewohnt, seine Produkte zu vermarkten. Die gewohnten Vorgaben von oben fehlten plötzlich. Auch mit der Konkurrenz aus dem Ausland kam man nicht klar. Diesen Übergang zur **Marktwirtschaft** haben daher viele Betriebe nicht überlebt und gingen pleite. Manche bezahlten ihre Arbeiter dann auch nicht mit Geld, sondern aus der laufenden Produktion. Doch Töpfe oder Streichhölzer kann man nicht essen.

Unsere Firma bekam damals zum Glück finanzielle und technische Unterstützung aus dem Ausland. Wir sind jetzt ein finnisch-russisches Privatunternehmen. **Joint Ventures** nennt man eine solche Zusammenarbeit. Der finnische Eigentümer kennt den Markt und weiß, wo man am besten die Waren anbietet."

114.2 Möbelfabrik in St. Petersburg, ein gemeinsames russisch-finnisches Unternehmen

Russlands Wirtschaft heute

Die Probleme durch den Übergang zur Marktwirtschaft sind bis heute zu spüren. So sind die Preise für Lebensmittel gegenüber den Sowjetzeiten explodiert. Nach wie vor gibt es Versorgungsengpässe. Manche Güter sind nur auf dem Schwarzmarkt zu erstehen.

Als in den 1990er-Jahren die Staatsbetriebe privatisiert wurden, erwarben einige wenige Geschäftsleute aufgrund ihrer guten Kontakte zur politischen Führung für wenig Geld riesige Betriebe. Manche dieser Unternehmen sind heute Milliarden von Euro wert.

In einigen Wirtschaftszweigen, zum Beispiel im Bergbau und in der Energieerzeugung, beherrschen wenige Betriebe den Markt und bestimmen die Preise. Mittelständische Betriebe konnten sich hingegen nur in wenigen Gebieten Russlands, zum Beispiel in Moskau (> S. 108), entwickeln. Dort haben sich auch zahlreiche ausländische Unternehmen angesiedelt.

Erst mit dem weltweiten Anstieg der Rohstoffpreise Anfang des 21. Jahrhunderts erholte sich die russische Wirtschaft, weil durch den Verkauf von Bodenschätzen hohe Einnahmen ins Land flossen. Allerdings war Russland dann von der Wirtschaftskrise 2009 besonders betroffen, da die Einkünfte aus den Rohstoffexporten zurückgingen.

Wie in den meisten Industriestaaten veränderte sich die Beschäftigungsstruktur durch die zunehmende Technisierung und Automatisierung. Immer mehr menschliche Tätigkeiten wurden durch Maschinen ersetzt – sowohl in der Landwirtschaft als auch in der Industrie. Neue Arbeitsplätze entstanden in erster Linie im Dienstleistungsbereich (Abb. 115.1).

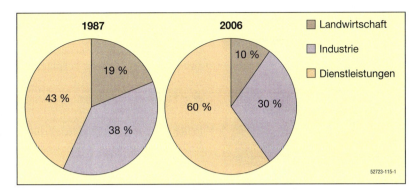

115.1 Beschäftigtenstruktur in Russland

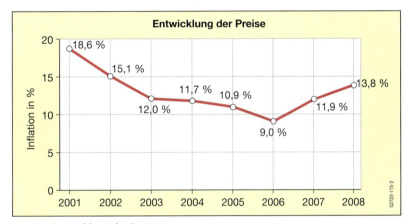

115.2 Entwicklung der Preise

Import		Export	
Niederlande	9,1 %	Deutschland	15,3 %
Deutschland	8,0 %	Ukraine	8,8 %
Ukraine	6,4 %	China	6,9 %
Italien	6,2 %	Japan	5,7 %
China	6,0 %	Kasachstan	5,0 %
USA	5,0 %	USA	4,6 %
Schweiz	4,7 %	Italien	4,6 %
Türkei	4,3 %	Frankreich	4,4 %
Produkte: Lebensmittel, Anlagen, Kraftstoffe, Chemikalien		Produkte: Petroleumprodukte, Erdgas, Holzprodukte, Metalle, Chemikalien, Konsumgüter	

115.3 Importe und Exporte Russlands (2008)

AUFGABEN >>

1. Erkläre mit eigenen Worten den Begriff Planwirtschaft. Welche Probleme gab es in dieser Wirtschaftsform?
2. Beschreibe die wirtschaftlichen Veränderungen seit den 90er-Jahren. Zu welchen Problemen führten diese Veränderungen?

Millionen-Deal für Schalke 04: Gazprom steigt ein
Bis ins Jahr 2012 wird der russische Energiekonzern Hauptsponsor des Fußball-Bundesligisten sein. Schalke fließen dadurch Sponsorengelder in dreistelliger Millionenhöhe zu; der Verein liegt damit in einer Preisklasse mit dem FC Bayern München. Ein Firmensprecher erklärte, Ziel sei es, den Bekanntheitsgrad Gazproms zu erhöhen, da nach einer Richtlinie der Europäischen Union auch der Endverbraucher bald sein Gas direkt von Gazprom beziehen kann.

(Aus einer Pressemitteilung vom Oktober 2006)

Russland – Energielieferant für Deutschland

Neben Norwegen und Großbritannien deckt Russland den Großteil unseres Erdöl- und Erdgasbedarfs (Abb. 116.2). Das Erdgas wird vor allem in Sibirien gewonnen (> S. 110). Durch Pipelines kommt es auch zu uns. Das gesamte Gaspipelinenetz Russlands umfasst mehr als 400 000 Kilometer, das entspricht dem Zehnfachen des Erdumfangs am Äquator!

Aufgrund der extremen Klimabedingungen ist die Förderung von Rohstoffen in Russland schwierig (> S. 111). Allerdings verdienen Angestellte der Firma Gazprom, des halbstaatlichen russischen **Monopolisten** für die Gasförderung, das Doppelte bis Vierfache des Lohnes, den sie in anderen Städten des Landes erhalten würden.

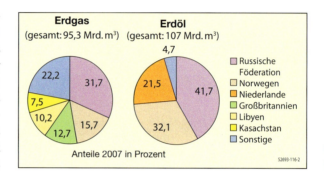

116.2 *Erdöl- und Erdgaslieferanten Deutschlands*

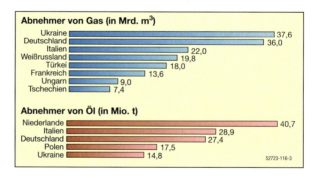

116.3 *Russlands Energiekunden (2008)*

Gaslieferungen aus Russland – ein politisches Druckmittel?

Auch bei uns in Deutschland heizen die meisten Haushalte mit Erdöl und Erdgas oder bereiten damit ihr Warmwasser zu. Aufgrund der großen Einfuhren aus Russland befürchten viele Politiker eine Abhängigkeit von Russland. Liefereinschränkungen hätten nicht bloß auf die Privathaushalte, sondern auf die gesamte Wirtschaft einen Einfluss.

Doch nicht nur Deutschland, auch die Staaten Osteuropas sind auf russisches Gas angewiesen. Durch die Ukraine führen zahlreiche Pipelines, die Europa versorgen (Abb. 117.1). Im Januar 2009 stellte Gazprom die Lieferungen durch die Ukraine für drei Tage ein, weil sich die Ukraine weigerte, marktübliche Preise zu zahlen. Außerdem wurde der Ukraine vorgeworfen, zu viel Gas für den eigenen Bedarf abgezweigt zu haben. Der russischen Regierung ging es jedoch nicht nur um den höheren Profit, sie wollte auch ihren politischen Einfluss auf die ehemaligen Sowjetstaaten behaupten.

Hätte dieser Streit länger angedauert, so wäre auch die deutsche Gasversorgung gefährdet gewesen, da wir ebenfalls über Pipelines versorgt werden, die durch die Ukraine führen. In einigen Staaten Südosteuropas hatte der Lieferstopp Auswirkungen, denn dort brach mitten im Winter die Energieversorgung zusammen. Viele Menschen mussten frieren. Auch bei der Erdölversorgung sind solche Probleme nicht auszuschließen (> S. 117).

117.1 Erdgas aus Russland

„Druschba" heißt Freundschaft

„Druschba" tauften die sozialistischen Bruderstaaten einst die mit über 3 000 km längste Erdölleitung der Welt. Sie führt aus Russland über Weißrussland und Polen bis ins deutsche Schwedt. Mit der ehemaligen Harmonie ist es aber seit dem Wochenende vorbei: Die Leitung, die jährlich 22 Mio. t Rohöl nach Deutschland pumpt, war am Montag dicht. Durch die in die Jahre gekommene Pipeline versickerten in Weißrussland bislang nicht nur enorme Tonnen Öl, sondern auch Unsummen Geld. ... Weißrussland produzierte bislang in der Stadt Mosyr direkt an der Pipeline in einer hochmodernen Raffinerie Benzin und Diesel, welches mit gewaltigem Gewinn in den Westen exportiert wurde. Ungeachtet der auf dem Papier noch gültigen Zollunion belegte Russland zum Jahresbeginn Ölexporte an Weißrussland mit einem Zollzuschlag von 180 US-$ je Tonne. Minsk konterte mit einer Durchleitungsgebühr für russisches Öl in Richtung Westen. Die Leitung ist für Deutschland von enormer Bedeutung, bezieht es doch 97% seines Öls aus dem Ausland. ... Davon kommt immerhin ein Fünftel über die „Druschba", welche die Raffinerien in Schwedt und bei Leuna versorgt. ...

Akute Engpässe an der Tankstelle oder beim Heizölkauf haben deutsche Verbraucher kurzfristig allerdings nicht zu erwarten. In Deutschland wurde nämlich im Jahr 1978 als Reaktion auf die Ölkrise der Erdölbevorratungsverband (EBV) errichtet, um Engpässe zu vermeiden. Der Verband dient dem Zweck, für 90 Tage Vorräte an Erdölerzeugnissen zu halten – vor allem Benzin, Diesel, Kerosin und Heizöl. Deutschland wird zudem aus verschiedenen Himmelsrichtungen von Ölpipelines beliefert.

(Aus: „Zwietracht an der Freundschaftsleitung", HOLTZ, T., in: Bogener Zeitung vom 09.01.2007)

AUFGABEN >>

1. Erstelle mithilfe der Kreisdiagramme (Abb. 116.2) eine Liste der wichtigsten Erdöl- und Erdgaslieferanten Deutschlands. Wie wichtig ist dabei Russland?
2. Schildere Probleme, die durch die langen Erdöl- und Erdgas-Pipelines aus Russland verursacht werden können.
3. Informiert euch im Internet über die geplante Ostsee-Pipeline von Russland nach Deutschland. Nennt Gründe für deren Bau.

117.2 Die Druschba-Pipeline

Hundert Meter hohe Flammen nach Explosion einer Gasleitung!

118.1 Brennende Pipeline in der russischen Taiga

AUFGABEN >>

1. Erstelle mithilfe der Karte 118.2 eine Tabelle der Umweltprobleme der GUS.
2. Informiert euch über aktuelle Umweltprobleme in Russland (Internet oder überregionale Zeitung).

Verseuchte Umwelt

„Umweltschutz gibt es nur für reiche Länder. Wenn wir reich sind, werden wir uns mit der Umwelt befassen. Doch bis dahin wird die Umwelt um jeden Preis ausgebeutet, um Russland reich zu machen."

(Bemerkung eines russischen Umweltaktivisten zur Umweltsituation in Russland in einem Interview 2003)

Seit Jahrzehnten beutet die russische Regierung die Bodenschätze des Landes aus – ohne nach den Folgen für die Umwelt zu fragen. Bestes Beispiel ist hierfür die Energieversorgung. Da zum Beispiel die Firmenleitung von Gazprom selten vor Ort ist, sondern in der Zentrale in Moskau sitzt, werden Probleme telefonisch nach Moskau gemeldet und müssen dort gelöst werden. Häufig gibt es dabei Schwierigkeiten, weil es den Transportunternehmen oft nicht gelingt, rechtzeitig Ersatzteile oder Spezialisten zu beschaffen, um die Verschmutzungen schnell zu stoppen.

Allerdings sieht man die Umweltprobleme in der Firmenzentrale von Gazprom nicht so dramatisch. Boris Jakutin, zuständig für die Förderung bei dem Gasriesen, äußert sich so: „Soweit wir wissen, leben in der Tundra nicht viele Menschen – und diese leben auch nicht vom Ackerbau. Wir glauben deshalb, dass die Menschen, die dort wohnen, eine brennende Gasleitung oder ausgelaufenes Erdöl kaum stören wird."

118.2 Umweltbelastungen in Russland und den GUS-Staaten

Umweltsünden – ein schweres Erbe

Tschernobyl – ein Super-GAU wird Wirklichkeit: Jahrelang – auch noch im Herbst 2008 – wurde bei uns vor dem Verzehr von Waldpilzen und Beeren gewarnt. Ursache dafür ist ein sogenannter „größter anzunehmender Unfall" (GAU), der sich 1986 im Kernkraftwerk Tschernobyl bei der Stadt Prypjat (Ukraine) ereignete. Aufgrund eines Bedienfehlers während eines Tests kam es zur Kernschmelze und zur anschließenden Explosion eines Reaktors. Riesige Mengen an radioaktiver Strahlung wurden freigesetzt. Diese verseuchte weite Teile Europas und viele Menschen wurden krank. Man schätzt, dass Zehntausende, vor allem freiwillige Aufräumarbeiter, an Krankheiten wie Krebs gestorben sind oder noch sterben werden. Bis heute existiert die Sperrzone, die in einem Radius von 30 km um den Reaktor errichtet wurde und die man nur mit Sondererlaubnis betreten darf.

119.1 *Nach dem Reaktorunfall in Tschernobyl am 26.4.1986*

Aralsee – ein „Meer" wird zur Wüste: Trägst du gerne Jeans? Für eine Hose braucht man zwei Kilogramm Baumwolle. Das hört sich nicht nach viel an – doch für die Produktion der Baumwolle benötigt man etwa 60 000 Liter Wasser …

Als die sowjetische Regierung beschloss, im trocken-heißen Klima Usbekistans das „weiße Gold" anzubauen, sollten die Flüsse Amur-Darja und Syr-Darja (die beide in den Aralsee mündeten) das Wasser liefern. Doch durch die Bewässerung wurde dem See buchstäblich das Wasser abgegraben. Der Syr-Darja erreicht den See heute gar nicht mehr, er versickert in der Wüste. Heute liegt das Ufer 50 bis 100 km von den einstigen Häfen entfernt. An Fischfang, die Haupteinnahmequelle vieler Seeanwohner, ist nicht mehr zu denken. Der Boden ist von einer feinen Salzschicht bedeckt, die durch starke Winde ausgeblasen wird. Noch in 800 km Entfernung leidet

119.2 *Satellitenbilder des Aralsee 2000 und 2009*

man unter diesen Salz- und Staubstürmen. Dazu kommt, dass die Baumwolle stark mit Pestiziden behandelt wird, weil sie sehr schädlingsempfindlich ist. Die Rückstände, die beim Waschen der Baumwolle im Abwasser landen, werden oft in die Flüsse eingeleitet und machen die Menschen krank.

AUFGABEN >>

1. Verorte die beiden Umweltkatastrophen auf einer Karte.
2. Erkläre, warum die Katastrophen von Tschernobyl und am Aralsee keine lokalen Probleme darstellen.
3. Erkläre die Überschrift.

Kann der Baikalsee überleben?

120.1 Am Baikalsee

Er ist 650 km lang, 80 km breit und 1 600 m tief und ist damit der größte Süßwassersee der Erde – der Baikalsee.
Die Menschen lieben den See und nennen ihn das „Heilige Meer Russlands". Seine Fläche von 31 500 km² entspricht etwa der von Baden-Württemberg. Sein Wasser wird ständig von 300 Flüssen aufgefrischt und ist so rein, dass man es direkt als Trinkwasser nutzen kann. Oder muss man sagen: konnte?

Nach dem Zweiten Weltkrieg wurde die Industrialisierung Sibiriens stark vorangetrieben. Vor allem den weiten Waldgebieten galt das Interesse. Um das Holz vor Ort verarbeiten zu können, wurden Mitte der 1960er-Jahre bei Baikalsk und bei Selenginsk Papier- und Zellstofffabriken in Betrieb genommen. Das dort verarbeitete Holz wächst förmlich vor der Tür: Um den Rohstoff für Papier zu gewinnen, werden hier jährlich rund 60 000 ha Wald gerodet. Das entspricht der Fläche von über 84 000 Fußballfeldern! Die Abwässer, die bei der Herstellung von Zellulose entstanden, wurden bis vor wenigen Jahren ungereinigt in den See geleitet. Diese Abwässer verschmutzten täglich 15 Mal so viel Trinkwasser, wie von allen Bürgern Russlands am Tag verbraucht wird.

Zusätzlich trugen die ungefilterten Abgase der Fabriken zur Luftverschmutzung bei. Das Bewusstsein, dass der Raubbau und die Umweltverschmutzung auch die Lebensgrundlage der Menschen gefährden, entsteht in Russland nur langsam.
2003 sollten Modernisierungsmaßnahmen in der Papier- und Zellstofffabrik bei Baikalsk durchgeführt werden. Da deren Umsetzung nur mangelhaft war, zog jedoch die Weltbank zuvor versprochene Kredite wieder zurück. Immerhin gibt es mittlerweile einige Naturschutzgebiete und Nationalparks in der Umgebung des Baikalsees. Doch Experten schlagen Alarm: Wenn nicht schnell gehandelt wird, dann ist der größte Süßwassersee der Erde vergiftet.

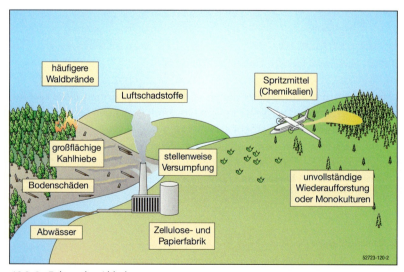

120.2 Folgen der Abholzung

AUFGABEN >>

1. Suche den Baikalsee im Atlas. Bestimme, in welcher Klima- und Vegetationszone er liegt.
2. Wie wird das Leben der Menschen in der Taiga durch die massive Abholzung der Wälder gefährdet?
3. Nenne Möglichkeiten, wie der Baikalsee „gerettet" werden kann.

Wir „verlegen" den Baikalsee

Wenn wir den Baikalsee aus Südsibirien nach Deutschland verlegen könnten, würde er ungefähr seiner Länge nach zwei bekannte deutsche Städte verbinden. Um die Namen der beiden Städte herauszufinden, musst du die gesuchten Begriffe finden und in die Kästchen eintragen. Benutze dazu deinen Atlas.

Aus den nummerierten Buchstaben ergeben sich die beiden Lösungsworte. Viel Spaß!

121.1

1. Nördlichste Großstadt der Erde

2. Endstation der Transsib am Pazifik

3. Dieser Fluss trägt einen Mädchennamen.

4. Dieses wertvolle Metall wird auch in Sibirien gefunden.

5. Grenzgebirge zwischen Europa und Asien

6. Sibirischer Strom, der nach Osten fließt

7. Meer, das im Norden von Sibirien liegt

8. Fluss in Westsibirien

9. Baumlose Vegetationszone in der kalten Zone, in der vorwiegend Sträucher, Moose und Flechten wachsen

10. Abkürzung für Transsibirische Eisenbahn

11. Moor- und Sumpflandschaft zwischen dem Uralgebirge und dem Fluss Jenissei

Lösung: ☐☐☐☐☐☐☐☐ ☐☐☐☐☐☐
1 2 3 4 5 6 7 8   9 10 11 12 13 14

AUFGABE >>>

Übertrage aus deinem Atlas die Umrisse von Deutschland sowie die in Abb. 121.1 markierten Städte auf ein Blatt Transparentpapier. Zeichne dann den Baikalsee entsprechend deiner Lösung in die Karte ein.

Projekt: Luxusvilla oder Blockhütte? Wir bauen ein Haus

Stein auf Stein – das Häuschen wird bald fertig sein. So einfach wie im Kinderlied ist der Bau eines Hauses aber nicht, denn wer heutzutage ein neues Heim will, muss viele Entscheidungen treffen. Immer bedeutsamer wird die Frage nach der Energie: Wie gut ist mein Haus gedämmt? Wo kann ich Energie sparen? Welche Heizung ist für mein Haus die günstigste?
Auf dieser Doppelseite sollt ihr selbst zu Baumeistern werden und euer eigenes Traumhaus entwerfen. Aber denkt dran: Wer ein perfektes Haus bauen will, sollte vorher gründlich recherchieren …

www.energie-schule-umwelt.de
www.bmu-kids.de
www.bmwi.de
www.kinderwelt.org
www.energie-katalog.de/kinder
www.energiebedarfsenken.de

Wer liefert die Energie?

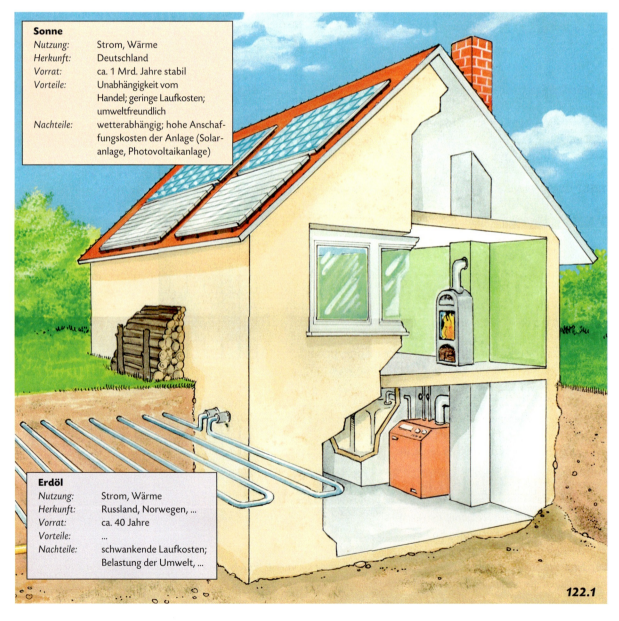

Sonne
Nutzung: Strom, Wärme
Herkunft: Deutschland
Vorrat: ca. 1 Mrd. Jahre stabil
Vorteile: Unabhängigkeit vom Handel; geringe Laufkosten; umweltfreundlich
Nachteile: wetterabhängig; hohe Anschaffungskosten der Anlage (Solaranlage, Photovoltaikanlage)

Erdöl
Nutzung: Strom, Wärme
Herkunft: Russland, Norwegen, …
Vorrat: ca. 40 Jahre
Vorteile: …
Nachteile: schwankende Laufkosten; Belastung der Umwelt, …

122.1

Woher kommt die Energie?

Nicht jeder Energieträger wird in Deutschland (> S. 58/59, 80/81 und 116/117) abgebaut. Vor allem Erdöl und Erdgas werden aus verschiedenen Ländern der Welt importiert. Zeichnet in eine Weltkarte die Transportwege dieser beiden Rohstoffe vom jeweiligen Herkunftsland bis nach Deutschland ein. Verwendet dabei unterschiedliche Signaturen für die verschiedenen Transportmittel.
Tipp: Sowohl im Atlas als auch im Internet findet ihr wichtige Informationen.

123.2 Haus mit Sonnenkollektoren

Fliesen, Parkett, Teppich oder was?

Welchen Bodenbelag soll man wählen? Auch hier gibt es viele Möglichkeiten, denn es stehen unterschiedlichste Rohstoffe zur Verfügung: Laminat wird wie alle Kunststoffböden aus Erdöl hergestellt. Doch auch Teppiche können aus Kunstfasern bestehen. Baumwolle oder Schafwolle stehen ebenfalls zur Auswahl. Diese Materialien werden im Winter nicht so kalt, allerdings leiten sie die Wärme einer Fußbodenheizung nicht so gut wie Fliesen. Diese können aus verschiedenen Gesteinen wie Granit oder Marmor sein, doch auch billigere Tonfliesen sind zu haben. Holzböden sind dagegen relativ teuer. Für welchen Bodenbelag würdet ihr euch entscheiden?

123.2 Bodenbeläge

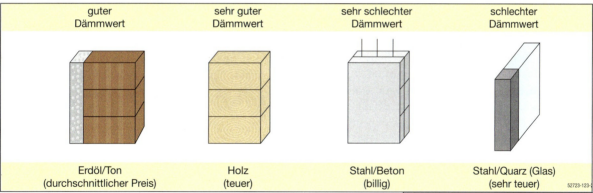

123.3 Wand ist nicht gleich Wand: Was dämmt am besten?

Dämmwerte verschiedener Materialien
Dämmwerte in W/m²K bei ca. 25 cm Wandstärke (Je niedriger, desto besser!)

Beton	3,3
Ziegel	1,5
Holzrahmenbauweise	0,15
Massivholz	0,37
Fenster (ca. 5 cm)	2,5

AUFGABEN >>

1. Vervollständige den Steckbrief zum Erdöl (S. 122). Erstellt nun eigene zu einem der anderen Energielieferanten, z.B. zu Biogas, Erdgas, Erdwärme, Holz, Kohle.
2. Überlegt, wie man zu Hause Energie sparen kann.
3. Entwerft euer eigenes Haus: Sucht euch eine Heizung, Baumaterialien für die Wände und einen Bodenbelag aus und begründet eure Entscheidung. Wie würde sich eure Entscheidung verändern, wenn ihr nur sehr wenig Geld zur Verfügung hättet?

Atmosphäre (S. 10): Gasförmige, mehrschichtige Lufthülle der Erde (bis 1000 km hoch), die uns vor gefährlichen Strahlungen aus dem Weltall schützt. In der untersten Schicht, der → Troposphäre (0–10 km Höhe), spielen sich die Wettervorgänge ab. Die Hauptbestandteile der Atmosphäre sind Stickstoff (77 %), Sauerstoff (20,7 %) und Wasserdampf. Der Begriff Atmosphäre stammt aus dem Griechischen und bedeutet „Dunstkugel".
Brandrodung (S. 48): Rodung von Waldflächen unter Einsatz von Feuer. Die anfallende Asche dient als Dünger, doch auf Dauer wird der Boden durch die Unterbrechung des Nährstoffkreislaufs unbrauchbar. > Abb. 124.1

124.1 Brandrodung

Cash crops (S. 49): Landwirtschaftliche Anbauprodukte, die nicht der Ernährung der Bauern dienen, sondern überwiegend verkauft werden und Geld bringen, z.B. Kaffee, Erdnüsse oder Baumwolle.
Datumsgrenze (S. 22): Grenze zwischen den → Zeitzonen, die jedes Datum zuerst durchlaufen, und jenen, die jedes Datum zuletzt durchlaufen. Die Datumsgrenze liegt in der Nähe des 180. Längengrads im Pazifik. Die Zeitzonen östlich und westlich des 180. Längengrads sind 24 Stunden voneinander entfernt.
Dauerfrostboden (= Permafrostboden) (S. 111): Boden, der bis in große Tiefen gefroren ist und in den Sommermonaten nur oberflächlich auftaut. Die gefrorenen Schichten stauen die Feuchtigkeit, sodass der Boden stark durchnässt ist. Dauerfrostboden ist ein Kennzeichen der → Tundra. > Abb. 124.2
Desertifikation (S. 55): Vordringen der → Wüste in Gebiete, die vom Menschen besiedelt und die durch Trockenheit besonders gefährdet sind. Das Vordringen der Sahara in der Sahelzone ist das bekannteste Beispiel. Die Desertifikation wird unter anderem durch eine zu starke Nutzung der Wüstenrandgebiete ausgelöst.

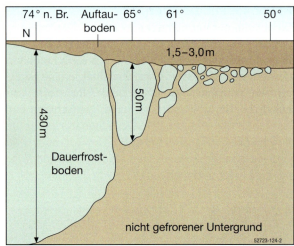

124.2 Profil durch den Dauerfrostboden

Dreieckshandel (S. 56): Wurde zwischen dem 17. und 19. Jahrhundert durchgeführt. Europäische Schiffe lieferten Stoffe, Feuerwaffen etc. nach Schwarzafrika und erhielten von afrikanischen Häuptlingen und Sklavenjägern Sklaven. In Amerika wurden die Sklaven gegen Baumwolle, Tabak etc. eingetauscht. Mit diesen Rohstoffen beladen kehrten die Schiffe nach Europa zurück.
Erdrevolution (S. 24): Umlauf der Erde um die Sonne. Ein Umlauf dauert rund ein Jahr (365 Tage, 5 Stunden, 48 Minuten und 46 Sekunden). > Abb. 124.3

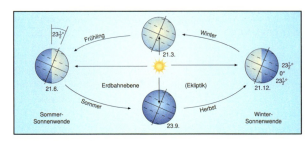

124.3 Erdrevolution

Erdrotation (S. 22): Die Drehung der Erde um sich selbst. Eine Drehung dauert etwa 24 Stunden. Durch die Erdrotation wird der Wechsel von Tag und Nacht hervorgerufen.
Erg (S. 85): Sandwüste mit Dünen. Die Dünen können Höhen von 300 m erreichen.
Erosion (S. 50): Abtragung und Transport der obersten Gesteins- und Bodenschichten durch fließendes Wasser oder durch Wind. Wenn die schützende Pflanzendecke zerstört ist, ist der Boden besonders erosionsanfällig (Bodenerosion).

Food crops (S. 49): Grundnahrungsmittel, die für die Ernährung der einheimischen Bevölkerung angebaut werden

Fremdlingsfluss (S. 88): Fluss, der in einem sehr trockenen Gebiet Wasser führt, weil er aus einem regenreichen/niederschlagsreichen Gebiet kommt (z.B. der Nil). > 125.1

125.1 Der Nil – ein Fremdlingsfluss

Gemäßigtes Klima (S. 102): Klimazone zwischen den Wendekreisen und den Polargebieten. Das Klima dieser Zone ist gekennzeichnet durch eine deutliche Ausbildung von Jahreszeiten. Nur in Küstennähe gibt es ein ganzjährig gleichmäßiges Klima (Seeklima).

Gradnetz (S. 100): Ein Netz aus (gedachten) Längen- und Breitenkreisen, das den Globus überzieht. Es dient der Orientierung und der genauen Bestimmung der Lage von Orten auf der Erdkugel. > Abb. 125.2

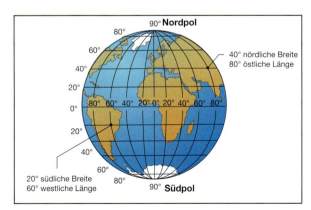

125.2 Gradnetz

Hamada (S. 84): Gebirgs-, Fels- oder Steinwüste

Hochdruckgebiet (S. 17): Ist der Luftdruck gegenüber der Umgebung in gleicher Höhe über dem Normalwert, dann sprechen die Meteorologen von einem Hochdruckgebiet. Da in einem Hochdruckgebiet (Hoch) die Luft absinkt und sich erwärmt, lösen sich Wolken auf.

Joint Venture (S. 114): Die Zusammenarbeit von verschiedenen Firmen, meist aus verschiedenen Ländern. Gründe hierfür sind z.B. Technologietransfer, Markterschließung oder die Verbreiterung der Produktpalette.

Kaltfront (S. 18): Wettererscheinung im Zusammenhang mit einem → Tiefdruckgebiet. Durch die Kaltfront ergibt sich im Normalfall eine Abkühlung in allen Höhen der Luftschichten. → Warmfront

Klimazone (S. 12): In der Regel breitenkreisparallel angeordnete Zonen mit typischen allgemeinen Klimavoraussetzungen, die im Wesentlichen durch die unterschiedlichen Einstrahlungsverhältnisse bedingt sind.

Kolonie (S. 56): Landbesitz eines Staates, der außerhalb des eigenen Landes und meist in Übersee liegt. Politisch und wirtschaftlich ist die Kolonie vom Mutterland abhängig. Meist werden hier Nutzpflanzen angebaut und Bodenschätze ausgebeutet. Im letzten Jahrhundert wurden fast alle Kolonien unabhängig.

Kontinentales Klima (S. 112): Das kontinentale Klima im Innern der Kontinente (auch als Landklima bezeichnet) hat kühle bis kalte Winter und warme Sommer. Außerdem sind in diesem Klima große Tagesschwankungen kennzeichnend.

Kulturerdteil (S. 34): Großräume, die hinsichtlich ihrer kulturellen Prägung eine gewisse Einheitlichkeit aufweisen > Karte hinten im Buchdeckel

Luftdruck (S. 16): Die Luft übt infolge ihres Gewichtes einen Druck auf ihre Unterlage, die Erdoberfläche, aus. Gemessen wird dieser Druck der Luft (Luftdruck) mit der Einheit Hektopascal (hPa).

Marktwirtschaft (S. 114): Wirtschaftsordnung mit einem reinen Wettbewerbsprinzip ohne Monopole und mit vielen Anbietern. In einer solchen Wirtschaftsordnung verhält sich der Staat in Bezug auf die Wirtschaft weitgehend passiv.

Medina (S. 76): Bezeichnung für orientalische Altstadt

Meridian (S. 22): Im Gradnetz der Erde ein Nord- und Südpol verbindender Halbkreis

Monopol (S. 116): Marktsituation, in der nur ein einziger Anbieter für eine Ware oder Dienstleistung existiert. Dadurch ist der Wettbewerb ausgeschaltet, sodass der Monopolist die Preisgestaltung bestimmen kann.

Monokultur (S. 43, 87): Form der Bodenbewirtschaftung, bei der immer die gleichen Feldfrüchte angebaut werden. Um die Erträge bei Monokulturen zu sichern, muss, da der Boden ständig Nährstoffe verliert, stärker gedüngt werden. Außerdem sind die Pflanzen gegen Schädlinge besonders anfällig.

Nomaden (S. 43, 54): Nomaden sind nicht sesshaft und ziehen mit ihren Herden und ihrem gesamten Besitz von einer Futter- und Wasserstelle zur nächsten. Unterwegs treiben sie Tauschhandel. > Abb. 126.1

126.1 *Karawane von Nomaden in der Sahara*

Normalluftdruck (S. 16): Der „Normaldruck" beträgt auf Meeresniveau durchschnittlich 1013 hPa.
Nullmeridian (S. 22): Längenkreis, der durch Greenwich geht. Von hier aus zählt man 180 Längengrade nach Osten sowie nach Westen.
Oase (S. 86): Stellen in der Wüste, an denen es Wasservorkommen und somit ein Pflanzenwachstum gibt. Man unterscheidet zwischen Quell-, Grundwasser- und Flussoasen.
OPEC (S. 79): Organisation erdölexportierender Länder (Sitz: Wien). Die OPEC-Staaten verfügen über drei Viertel der weltweiten Erdölreserven. Durch Absprache unter den Ländern sollen Preisschwankungen auf dem Weltmarkt vermieden werden. Die OPEC wurde 1960 durch den Irak, Iran, Kuwait, Saudi-Arabien und Venezuela gegründet. Seitdem sind zahlreiche weitere Staaten der Organisation beigetreten.
Orient (S. 73): Bezeichnung für einen Raum, der durch die arabische Sprache, Schrift und den Islam geprägt, jedoch nicht exakt abgrenzbar ist. Heute zählt man die Länder Vorderasiens und Nordafrika dazu.
Ozonschicht (S. 11): Luftschicht, in der das Gas Ozon besonders stark vertreten ist. Es ist in der Lage gefährliche Sonnenstrahlung wie ein „Sonnenschirm" zurückzuhalten.
Passatkreislauf (S. 44): Passate sind bodennahe Nordost- und Südostwinde, die auf beiden Erdhalbkugeln vorkommen. Sie wehen beständig zwischen den subtropischen Hochdruckgebieten und der äquatorialen Tiefdruckrinne. Sie bilden einen geschlossenen Kreislauf und verlagern sich mit den Jahreszeiten. Dadurch entstehen in den → Tropen Regen- und Trockenzeiten.

Plantagenwirtschaft (S. 43, 57): Landwirtschaftliche Betriebsform, die aus einem Großbetrieb besteht. Auf riesigen Flächen v.a. im Bereich der → Tropen wird zumeist nur ein landwirtschaftliches Produkt (z.B. Bananen, Kaffee) für den Weltmarkt angebaut. Auch die Weiterverarbeitung des Produktes erfolgt meist auf der Plantage.
Planwirtschaft (S. 114): Wirtschaftsordnung, in der die Produktionsentscheidungen von einer zentralen Behörde getroffen werden. Diese staatliche Planbehörde erstellt einen Produktionsplan und kontrolliert dessen Einhaltung. Die Betriebe befinden sich in Staatseigentum.
Polarkreis (S. 112): So werden die beiden Breitenkreise (66 1/2° N und 66 1/2° S) genannt, an denen, vom Äquator kommend, das erste Mal → Polartag bzw. → Polarnacht zu beobachten ist. Die Polarkreise sind die Grenze zwischen den Mittelbreiten und der Polarzone.
Polarnacht (S. 28): Während der Polarnacht scheint die Sonne innerhalb der Polarkreise länger als 24 Stunden nicht. Die Dauer der Polarnacht ist je nach Breitenlage unterschiedlich. An den Polen beträgt sie jeweils ein halbes Jahr.
Polartag (S. 28): Während des Polartages geht die Sonne innerhalb der Polarkreise über 24 Stunden nicht unter. Den Gegenpart bildet die → Polarnacht.
Polarzone (S. 102): Kalte Zone zwischen den Polen und den Polarkreisen. Kennzeichnend sind lange und kalte Winter. Da die Mitteltemperatur des wärmsten Monats 10 °C kaum übersteigt, können höchstens anspruchslose Pflanzen wachsen.
Savanne (S. 42, 52): Die Savannen befinden sich zwischen der Wüste und dem tropischen Regenwald. Es gibt Feucht- (hohe Gräser und Bäume), Trocken- (Gräser, Sträucher, einzelne Bäume) und Dornstrauchsavannen (anspruchlose Pflanzen, kurze Gräser).
Scharia (S. 90): Religiöses Gesetz bzw. Vorschrift im Islam
Schwefeldioxid (S. 113): Farbloses, giftiges Gas, das vor allem bei der Verbrennung von schwefelhaltigen Brennstoffen wie Kohle oder Erdöl entsteht.
Serir (S. 85): Geröll- oder Kieswüste
Steigungsregen (S. 15): Er entsteht, wenn Luftmassen an Gebirgen zum Aufsteigen gezwungen werden und abkühlen. Der in der Luft enthaltene Wasserdampf kondensiert. Es bilden sich Wolken und es regnet.
Stratosphäre (S. 11): Abschnitt der → Atmosphäre in einer Höhe von 10 bis 50 km. Die Stratosphäre ist durch gleiche Temperaturen gekennzeichnet. Erst ab etwa 20 km Höhe steigt die Temperatur wieder kräftig an. Der Grund für diese Temperaturerhöhung ist die erhöhte Konzentration von Ozon (→ Ozonschicht).

Subsistenzwirtschaft (S. 43): Wirtschaftsweise, die in der Regel von einzelnen Bauern auf die Selbstversorgung und Erarbeitung des eigenen Lebensunterhaltes ausgerichtet ist. Dazu zählen aber auch Tauschbeziehungen mit Gütern und Dienstleistungen.

Subtropen (S. 45): Zwischen den → Tropen in Äquatorrichtung und den gemäßigten Zonen in Richtung der Pole liegende Klimazone, deren Mitteltemperatur über 20 °C im Jahr liegt, die des kältesten Monats jedoch darunter. Man unterscheidet in trockene, winterfeuchte und immerfeuchte Subtropen.

Taiga (S. 102): Nadelwaldgürtel auf der Nordhalbkugel, in dem Nadelhölzer (Fichten, Kiefern, Tannen) wachsen, die ans kalte → kontinentale Klima angepasst sind.

Tiefdruckgebiet (S. 17): Ist der Luftdruck gegenüber der Umgebung in gleicher Höhe unter dem Normalwert, dann sprechen die Meteorologen von einem Tiefdruckgebiet (Tief). Da in einem Tiefdruckgebiet die Luft aufsteigt und dabei abkühlt, kondensiert der in der Luft enthaltene Wasserdampf. Es bilden sich Wolken, aus denen es dann regnet.

Treibhauseffekt (S. 11): Bildhafte Umschreibung für die Erwärmung bzw. Aufheizung der Erde

Tropen (S. 47): Die Beleuchtungszone zwischen den beiden Wendekreisen. Hier steht die Sonne zweimal im Jahr im → Zenit.

Tropischer Regenwald (S. 42, 46): Immergrüner Wald in den → Tropen. Das Klima des Regenwaldes zeichnet sich durch hohe Temperaturen und Niederschläge aus. Charakteristisch ist der Stockwerkbau der Pflanzen.

Troposphäre (S. 11): Unterste Schicht der → Atmosphäre, die an den Polen bis in 8 km, am Äquator bis 18 km Höhe reicht. In ihr ist der größte Teil des Wasserdampfs konzentriert, wodurch sich Wolken und Niederschläge bilden können. Die Troposphäre wird auch Wetterschicht genannt, da sich in diesem Atmosphärenbereich das Wetter abspielt.

Tundra (S. 102): Überwiegend baumlose Steppe, die sich südlich an die Eisregion des Nordpols anschließt. Wegen der kurzen Vegetationszeit von drei Monaten wachsen hier nur Gräser, Moose und Flechten.

Überweidung (S. 55): Zerstört in einem Gebiet zu viel Vieh die Pflanzendecke, spricht man von Überweidung. Die Vegetation kann sich nicht mehr erholen, → Desertifikation kann die Folge sein. > Abb. 127.1

Vegetationszone (S. 13): Gebiet, das mit bestimmten Pflanzengesellschaften besiedelt ist. Die Vegetationszonen sind von den klimatischen Bedingungen abhängig (besonders Temperatur und Niederschlag) und können daher den Klimazonen zugeordnet werden.

127.1 Überweidung durch Ziegen

Wadi (S. 84): Ausgetrocknetes Flusstal in der Wüste, das sich bei seltenen, aber heftigen Regenfällen in einen reißenden Fluss verwandeln kann. > Abb. 127.2

127.2 Wadi

Warmfront (S. 18): Wie die → Kaltfront eine Wettererscheinung im Zusammenhang mit einem → Tiefdruckgebiet. Warme und daher leichtere Luftmassen gleiten auf die in Zugrichtung vor ihnen liegenden schwereren kalten Luftmassen auf.

Wind (S. 17): Luftströmung, die einen Ausgleich zwischen hohem und tiefem Druck herstellt. Je größer die Druckunterschiede sind, umso stärker weht der Wind.

Wüste (S. 42, 84): Wüsten zeichnen sich durch geringen Pflanzenwuchs und Niederschläge unter 100 mm im Jahr aus. Man unterscheidet Wüsten nach ihrer Lage (Binnen-, Küsten-, Wendekreiswüste) und ihrer Beschaffenheit (Kies-, Salz-, Sand-, Stein- bzw. Felswüste).

Zeitzone (S. 22, 101): Auf der Erde sind 24 Zeitzonen festgelegt, die jeweils 15 Längengrade umfassen. Innerhalb einer Zone gilt die gleiche Zeit. Der Zeitunterschied von einer zur nächsten Zone beträgt eine Stunde. Aus praktischen Gründen erfolgt die Abgrenzung häufig nicht nach den Längengraden, sondern Ländergrenzen.

Zenit (S. 26): Senkrecht über dem Beobachtungspunkt gelegener höchster Punkt des Himmelsgewölbes

akg-images, Berlin: 16.1; Amtsfeld, Umkirch: 86.2; Andia.fr: 68 m. (Tucat); Angermayer, Holzkirchen: 68 o.m.; APN: 35 o.l., 95.1; Argum, München: 35 u.r., 40 o.l. (Thomas Einberger); Astrofoto, Sörth: 10.1; ATC Expert: 26.1, 36 u.l.; Avenue Images, Hamburg: 19.2 (Index Stock/Frank Staub); BA-Geduldig, Maulbronn: 38 m.; Bildagentur-online, Burgkunstadt: 69 m.o.; Bilderberg, Hamburg: 97F, 113.3; Biosphoto: 9.1 (Decante Frédéric), 15.4 (Feyte Pierre-Paul); Björn Steinz, Lysa nad Labem, Tschechische Republik: 105 m.; blickwinkel, Witten: 19.3 (R. Linke); BMZ, Bonn: 124.1; Böning, Oerlinghausen: 58.3; Bütow, Kemnitz: 37 m.l., 37 u.l.; Caro Fotoagentur, Berlin: 83 o. (Sorge); CCC, Pfaffenhofen: 92.1 (Mester); Cech, Vechta: 36 o.r.; Christoph&Friends/Das Fotoarchiv, Essen: 14.1 (Xinhua), 54.1, 82 o.r. (Markus Matzel); Christus Träger Waisendienst, Karlsruhe: 34.2; Corbis, Düsseldorf: 48.1, 56.1, 76.3 (Frédéric Soltan/Sygma), 80.3 (Andrew Holbrooke), 83 m. (EPA/Ali Haider), 90.1 (Bettmann), 91.3, 105 u. (David Turnley); Das Parlament, Bonn: 97.1; Deutscher Wetterdienst DWD, Offenbach: 21.1; Dubai-Tourismus, Frankfurt: 81.2; Eckert, Kirchzarten: 40.2; Eckinger, Vilshofen: 58.4; Eigner, Regensburg: 75.1, 84.2; F1 Online, Frankfurt: 76.5 (Hamilton); Falk, Berlin: 37 o.r.; Fiedler, Güglingen: 48.2; Focus, Hamburg: 111 u.r., 113.2; Gebel, Mönchengladbach: 35 o.r.; Getty Images, München: 80.1 (Popperfoto), 80.2 (Charles Crowell/Blomberg), 82 o.l. (AFP), 107.2 (Ira Block); Göttler, Freiburg: 84.1; Greenpeace, Hamburg: 103.3; Hameln Marketing, Hameln: 34.3; Härle, Wangen: 52 u.l., 85.3, 102.1, 103.1; Heindl, Cornelia, Ebersberg: 67.2, 67.3, 107.3; Helga Lade, Frankfurt: 30.1; Herzig, Wiesenburg: 36 m.u.r; Jung, Hannover: 36 u.r.; Junge, Wolfenbüttel: 86.1, 97E; Jupiterimages, Ottobrunn: 37 m.r., 78.2; Jürgens, Ost- und Europa-Photo, Berlin: 111 u.l., 118.1; Knecht, Freiburg: 44.1, 85.4; Köhler, Herrsching: 94.2; Laif, Köln: 39 m., 61.1, 68 u.l.; Landesamt für Archäologie mit Landesmuseum für Vorgeschichte, Dresden: 30.2 (Juraj Lipták); Langbein, Freiburg: 36 m.o.r; Lange, Karlsfeld: 43 m.r., 43 m.l., 43 u.r., 43 u.l.; Liese, München: 91.2; LOOK-foto, München: 31.2 (TerraVista); Mager, Gengenbach: 46.2, 46 u.r., 52 o.r., 53.1, 69 o.l., 69 o.m., 69 o.r.; Marsyas. Lizenziert unter Creative Commons CC-BY-SA 2.5: 31.1; mauritius images, Mittenwald: 9.2 (Wojtek Buss), 35 m.r., 49.1, 54.2, 74.1, 76.4 (imagebroker/Egmont Strigl), 98+99, 105 o. (Wojtek Buss); Menz, Hannover: 35 m.l.; Müller, Bartensleben: 8.1, 42.2, 57 o., 72.2, 82 u.r.; Müller, Berlin: 36 m.u.l, 44.2; NASA, Houston (USA): 6+7, 96B, 96D; Nawa, Hannover: 68 o.l.; Okapia KG, Frankfurt: 10.3, 14.2; Pammer, Landau: 39 u., 55.1, 59.2, 63 o., 63 u.; picture-alliance, Frankfurt: 34.1, 34.4, 36 m.o.l, 43 o.r., 59.1, 74.2 (Khaled_Al-Sayed/dpa), 76.2 (Matthias Toedt/ZB), 77.1 (Matthias Toedt/ZB), 91.1, 94.1, 95.2, 96A, 96C, 99 (ZB), 108.2, 108.3, 109.1, 114.2, 116.1, 117.2; Pinkall, Heike, Brake: 81.1; QUADRATMEDIA, Schönbach: 114.1; Reuters, Berlin: 109.2; Rieke, Hannover: 68 u.r., 69 u.; Ruckenbrod, Ettlingen: 89A; Schatz, Taufkirchen: 8.3, 16.2; Schmidt, Teningen: 35 u.l.; Schmidtke, Melsdorf: 37 u.r., 38 u., 89E, 89K, 89M; Schreiegg, Julia, Altdorf: 123.2; Schroedel Archiv, Braunschweig: 13.1, 28.1-3, 38+39, 45.2, 49.1a, 50.1+2, 52 o.l., 56.3, 66.3, 67.4, 68 o.r., 77.2, 81.3, 89.1, 112.1, 119.2; Schutzbach, Waldstetten: 103.4; Spittler, Bayreuth: 126.1; Starke, Dresden: 120.1; Sutor, Karlsruhe: 37 o.l.; Taubert, Springe: 39 o., 85.2, 89L; Thalmeier, Neuötting: 27.1, 106.1; Tischler, Emmenbrücke (CH): 36 o.l.; Toennies, Hannover: 24.2, 25.1; TopicMedia Service, Ottobrunn: 52 m., 123.1; Transit, Leipzig: 108.1; TUI AG, Hannover: 87.2; ullstein bild, Berlin: 119.1; UNICEF Deutschland, Köln: 60.1; Visum, Hamburg: 22.1 (Andreas Reeg), 70+71, 90.2 (Carsten Koall), 103.5, 109.3; Werner, Herxheim: 86.3; Wetzel, Freiburg: 69 m.u., 125.1, 127.1; Wilson, Mark A.,: 127.2; Wollert, Markt Schwaben: 38 o.; Wostok, Berlin: 101.1, 102.2, 111.1

Trotz entsprechender Bemühungen ist es nicht in allen Fällen gelungen, den Rechtsinhaber ausfindig zu machen. Gegen Nachweis der Rechte zahlt der Verlag für die Abdruckerlaubnis die gesetzlich geschuldete Vergütung.

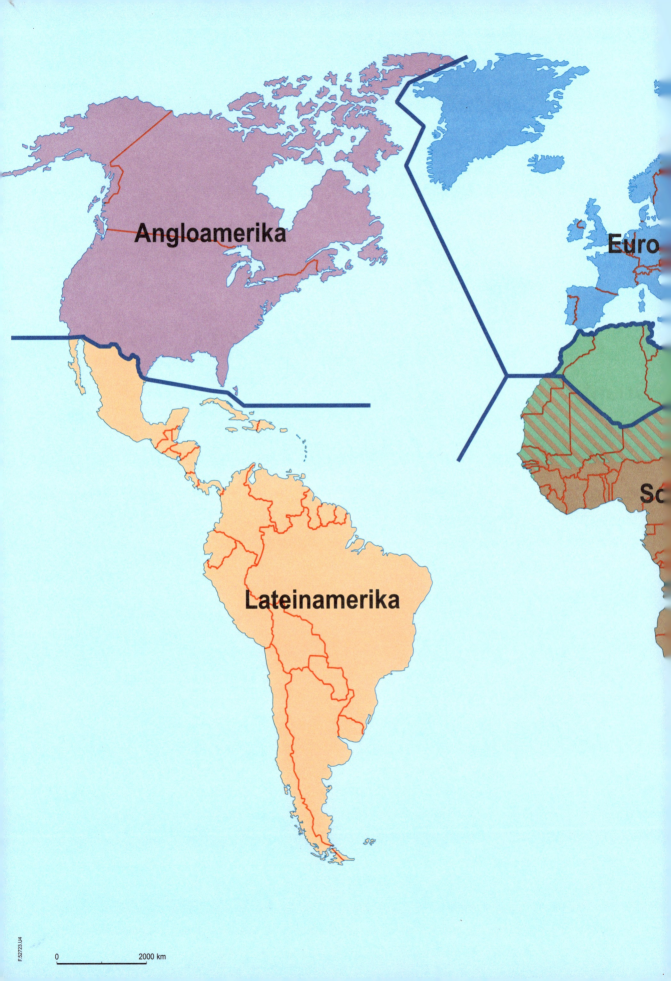